Lehrerbegleitheft

Peter Härtling

Oma

von Hannelore Daubert

Hannelore Daubert, Studium der Germanistik und Pädagogik, Tätigkeit im Schuldienst und in der Lehrerausbildung, zehn Jahre pädagogische Mitarbeiterin und Lehrbeauftragte am Institut für Jugendbuchforschung der Frankfurter Universität. Heute lebt sie in Frankfurt und ist freiberuflich im Bereich Kinder- und Jugendliteratur tätig. Arbeitsschwerpunkte und Veröffentlichungen in den Bereichen Leserforschung, Mädchenliteratur und Kinder- und Jugendliteraturdidaktik.

Redaktion Silvia Bartholl

»Oma« ist als Gulliver-Taschenbuch Bd. 101 im Verlag Beltz & Gelberg erschienen. Lehrer/-innen erhalten ein Exemplar zum ermäßigten Prüfstückpreis.
**Bestellungen (mit Schulstempel!) bitte an
Beltz & Gelberg, Postfach 100161, 6940 Weinheim**

2. Auflage, 1992
© 1991 Beltz Verlag, Weinheim und Basel
Programm Beltz & Gelberg, Weinheim
Alle Rechte vorbehalten
Gesamtherstellung Druckhaus Beltz, 6944 Hemsbach
Printed in Germany
ISBN 3 407 99062 6

Inhalt

Wozu Kinder- und Jugendliteratur im Deutschunterricht?
Ihr Stellenwert in der gegenwärtigen Literaturdidaktik   5
Methodische Konsequenzen   8
Gulliver-Taschenbücher im Unterricht:
Zur Konzeption der Lehrerhefte   10

Peter Härtlings Kinderbücher   12

»Oma« im Unterricht

Textanalyse   16
Didaktische Überlegungen   20
Methodische Anregungen   22

Zusatzmaterialien

Zur Rezeption von »Oma«:
Kindermeinungen zu »Oma«   26
»Mein Lieblingskapitel«   29
Kalle sieht es anders – Innere Monologe von Kalle   30
Eine Fortsetzungsgeschichte von Oma und Kalle   31
Oma ist anders – Omageschichten von Kindern   32

Einblick in den Literaturbetrieb und Informationen
zum Autor:
Drei Stimmen zu »Oma«   34
»Unser Leben besteht aus ganz vielen Anfängen ...« –
Auszüge aus einem Werkstattgespräch mit Peter Härtling   37
Über die Schwierigkeiten und das Vergnügen beim Schreiben
für Kinder. Eine Rede von Peter Härtling   50

Thematisch verwandter Text:
Susanne Kilian: Marion guckt aus dem Fenster   56

Biographische Notiz/Bibliographie   59

»Ich verstehe doch nichts von all dem neuen Zeug!« Zeichnung eines Viertkläßlers

Wozu Kinder- und Jugendliteratur im Deutschunterricht?

Ihr Stellenwert in der gegenwärtigen Literaturdidaktik

Der Literaturunterricht möchte die Schüler in die Rolle eines Lesers einführen, er möchte über den Unterricht hinaus zum Lesen motivieren, zur selbständigen Teilnahme am literarischen Leben befähigen und möglichst aus Nichtlesern Leser machen. Daß dies sehr häufig nicht gelingt, zeigen die empirischen Untersuchungen zum Leseverhalten sehr deutlich: Der überwiegende Teil der Haupt- und Realschüler gehört zu den Nichtlesern. Bei denjenigen Schülern – vor allem der Sekundarstufe I –, die in ihrer Freizeit gern und häufig lesen, besteht eine enorme Kluft zwischen den Angeboten des Literaturunterrichts und ihrer Freizeitlektüre. Diese festgestellte Leseschizophrenie zeigt sich nicht nur in der Wahl der Lesestoffe, sondern auch in der Art der Rezeption. Während die im Literaturunterricht geforderten Rezeptionsweisen hauptsächlich auf kognitive Erkenntnisgewinnung in einem interpretierenden Umgang mit Literatur zielen – wobei die Rezeption mehr oder weniger stark durch den Lehrer gelenkt wird –, sind die Leseweisen und Aktivitäten im Umgang mit der Privatlektüre sehr viel individueller, subjektiver, eigenwilliger und emotionaler. Die Auseinandersetzung mit dem Buch läuft nicht nur über den Kopf ab. Oftmals zeigt sich ein Wechselprozeß zwischen Produktion und Rezeption, wobei die Kinder ihre Freizeitliteratur häufig als Vorlage für vielfältige Rezeptionsaktivitäten nutzen wie Nachspielen, Verändern, Umsetzen in andere Medien und Techniken. Auch das ganz private Alleinsein mit einem Buch, das lustvoll-verschlingende Lesen einer Geschichte, über die man anschließend nicht reden muß (allenfalls mit selbst ausgesuchten Gesprächspartnern, wenn man

es will), gehört zum selbstbestimmten Leseverhalten von Kindern in der Freizeit.
Für den Literaturunterricht bedeutet dies, daß die so häufig festgestellte Folgenlosigkeit ein didaktisch-methodisches Umdenken erfordert, d. h. ein Umdenken bei der Lektüreauswahl und der Art der Präsentation. Offensichtlich konnte das Textangebot eines hauptsächlich am Kanon ranghoher klassischer Literatur orientierten Unterrichts allein nicht dazu beitragen, die Schüler in die Rolle eines Lesers einzuführen, »der das Angebot des literarischen Marktes für eine sinnvolle Freizeitbeschäftigung zu nutzen weiß«.[1]
Seit den 70er Jahren gehören Kinder- und Jugendbücher zunehmend zum literarischen Angebot in den Schulen. Ihr veränderter Stellenwert im Rahmen des Literaturunterrichts ergibt sich aus den angeführten Untersuchungsergebnissen der Leserforschung und ist gleichzeitig im Zusammenhang mit der curricularen Entwicklung und den veränderten Zielsetzungen des Literaturunterrichts in den letzten Jahren zu sehen. Im Zuge einer mehr leser- und rezeptionsorientierten Didaktik[2] (gegen Ende der 60er/Anfang der 70er Jahre), der auch ein erweiterter Literaturbegriff zugrunde lag, versuchte man, an den bisher vernachlässigten tatsächlichen Lesebedürfnissen und -interessen anzusetzen, um so der Leseschizophrenie entgegenzuwirken. Man begann, die Schüler dort abzuholen, wo sie waren, und bezog ihre Freizeitlektüre in den Unterricht mit ein. Denn »der Literaturunterricht wird nicht mehr daran gemessen, ob die Schüler Lesehaltungen erwerben, die ihnen später einmal dienlich sind, vielmehr wird die Literatur als Medium gesehen, das den Heranwachsenden in ihrer intellektuellen und affektiven Entwicklung Hilfe sein kann«.[3]

---

1 Kaspar H. Spinner in: Jürgen Baurmann/Otfried Hoppe (Hrsg): Handbuch für Deutschlehrer. Stuttgart 1984, S. 362ff.
2 Im Gegensatz zur bisherigen eher inhaltsorientierten Didaktik, deren Hauptziel es war, zu ranghoher Dichtung zu führen.
3 Kaspar H. Spinner: a.a.O.

Diese Hilfe kann das Textangebot der Kinder- und Jugendliteratur oftmals besser leisten als die Erwachsenenliteratur, denn sie trifft das Weltverständnis, die Gefühlsebene, den Erfahrungshintergrund und die Identitätsprobleme von Kindern und Jugendlichen häufig viel direkter. Die Leser können weitaus mehr Bezüge zwischen der eigenen Erfahrungswelt und der fiktiven Welt des Buches herstellen und so mit größerer Ich-Beteiligung lesen. Denn nur derjenige Leser, der mit Literatur die Erfahrung macht, daß sie ihn persönlich meint, daß sie nützlich und hilfreich für die Verarbeitung und Erweiterung seiner Realitätserfahrungen ist, kann zum Lesen motiviert werden. Hinzu kommt ein formaler Aspekt: Durch die verwendete Sprache der Kinder- und Jugendliteratur ist die Gefahr geringer, daß Sprachbarrieren der Schüler zu Literaturbarrieren werden. Dies gilt vor allem für die im sprachlichen Bereich leistungsschwächeren Schüler und die zunehmende Anzahl von Kindern, für die Deutsch nicht die Muttersprache ist.

Kaspar H. Spinner formuliert den Wert der Kinder- und Jugendliteratur für den Deutschunterricht so: »Die hauptsächliche Leistung der Kinder- und Jugendliteratur besteht darin, daß ihr Textangebot altersadäquate Formen der Ichfindung und Wertorientierung repräsentiert.«[4] Zur Erreichung dieses Zieles hat die gemeinsame Lektüre der Kinder- und Jugendliteratur gegenüber der individuellen Rezeption in der Freizeit einen entscheidenden Vorteil (vorausgesetzt, daß er nicht durch methodische Mißgriffe wieder zunichte gemacht wird): Die Schüler können im Schutz der Fiktion – versteckt hinter den Handlungsträgern – über sich selbst reden, ohne sich preiszugeben. Im Gespräch über Verhaltensweisen, Gefühle, Wünsche und Ängste der Buchfiguren haben sie Gelegenheit, ganz Persönliches, oft Unausgesprochenes und Verdrängtes zur

---

4 Kaspar H. Spinner: a.a.O.

Sprache zu bringen und damit vielleicht zu relativieren, einzuordnen, zu werten, zu verarbeiten und besser zu verstehen.

Methodische Konsequenzen

»Im Prinzip, in seiner Zielsetzung hat auch der Literaturunterricht vorwiegend den privaten Leser im Blick, aber fast alles, was er von der Unterrichtsorganisation her ins Werk setzen muß, widerspricht dem privaten Leseverhalten.«[5]
Nicht nur die Auswahl der richtigen Texte, sondern auch die Art und Weise der Präsentation und des Umgangs mit Literatur sind entscheidend für den Erfolg des Literaturunterrichts. Solange sich jede Textbehandlung ausschließlich an verbindlichen und überprüfbaren Lernzielen orientiert und solange dabei die traditionellen verkopften Methoden der Erkenntnisgewinnung vorherrschen, reicht auch das Einbeziehen von Freizeitlektüre in den Unterricht alleine nicht aus. Vielmehr sollten die subjektiven, selbstbestimmten, vielleicht emotional gefärbten und eigenwilligen Rezeptionsweisen, wie sie den Umgang mit der Freizeitlektüre kennzeichnen, zugelassen und ernstgenommen werden. Zwar läßt sich im Rahmen des Unterrichts keine der Freizeit entsprechende Lesesituation herstellen, aber man kann ihr zeitweise nahekommen und zumindest entgegenstehende methodische Varianten ausschalten. Eine zu starre Rezeptionslenkung, z. B. durch sehr enge, lehrerzentrierte Abfragetechniken oder einseitige Textauslegung, die nur die Interpretation des Lehrers gelten läßt, wird den Schüler auf Dauer kaum befähigen, selbständig mit Literatur umgehen zu können und Spaß am Lesen zu entwickeln.
Die methodischen Anregungen zu den Gulliver-Taschenbüchern basieren auf folgenden Prinzipien:

---

5 Gerd Frank/Joachim Stephan: Der Schüler als Leser. Textrezeption und Literaturunterricht. Freiburg 1980, S. 15

– Es gibt verschiedene Formen des Umgangs mit Texten, die gleichberechtigt nebeneinanderstehen. Die verbal-begriffliche Interpretation ist nur eine davon. Erkenntnisse können auch durch Nachempfinden, durch sinnliche und gefühlsbetonte Formen der Wahrnehmung und Beschäftigung mit Literatur erreicht werden.
– Der Sinn eines Textes kann sich auch über spielerisch-kreative Formen des Umgangs mit Literatur erschließen.
– Die Auseinandersetzung mit den Texten sollte sowohl ein identifikatorisches wie auch distanziertes Lesen möglich machen und helfen, Erlebnis und Erkenntnis zu vereinen.[6]
– Angestrebt wird ein Wechsel von Rezeption und Produktion, ein phantasievoller, kreativer Umgang mit dem Text.

**Peter Härtling hat auf die Frage von Schülern
»Mögen Sie Interpretationen?« geantwortet:
»Nein, ich mag lesen.«**

---

6 Vgl. dazu die didaktisch/methodische Konzeption zu »Ben liebt Anna« in: Materialien zum Unterricht, Deutsch 5. Hrsg. vom Hessischen Institut für Bildungsplanung und Schulentwicklung (HIBS). Wiesbaden 1981.

Gulliver-Taschenbücher im Unterricht:
Zur Konzeption der Lehrerhefte

Aus den dargelegten Intentionen der Literaturdidaktik und Ergebnissen der Leserforschung ergeben sich die Auswahl der Gulliver-Titel, die für den Deutschunterricht besonders geeignet erscheinen, und die Konzeption der Lehrerhefte.

Mit den Gulliver-Taschenbüchern werden die Schüler neben den Lehr- und Lesebüchern mit einem literarischen Angebot vertraut gemacht, das für sie Freizeitlektüre werden könnte. Sie lernen Texte namhafter Autorinnen und Autoren von literarischem Rang kennen.

Zwei Gesichtspunkte bestimmen die Auswahl der Texte:
- Die Texte sollen kindliche Erfahrungen, Gefühlslagen, Wertvorstellungen widerspiegeln und dadurch ein hohes Maß an Ich-Beteiligung bei der Lektüre ermöglichen, was die lesemotivierende Erfahrung persönlicher Betroffenheit erwarten läßt.
- Sie sollen außerdem durch Inhalt und Art der Darstellung zu der Leseerfahrung verhelfen, daß der Umgang mit Literatur Vergnügen, Spaß und Lust bereiten kann, ohne durch sprachliche Zugangsbarrieren erschwert zu werden.

Die Lehrerhefte enthalten:

- didaktische Überlegungen, die der Realisierung dieser Zielsetzungen dienen
- methodische Anregungen, die einer »Verschulung« von Kinder- und Jugendliteratur entgegenwirken sollen
- Informationen über die Autorin/den Autor in Form von Interviews, Werkstattgesprächen, Briefwechsel u. ä.. Sie dienen dazu, die Texte vor dem Hintergrund der Kenntnis des Autors und seiner authentischen Aussagen zu verstehen, um damit eventuellen – oft weit hergeholten – Spekulationen über seine Vorstellungen und möglichen Absichten entgegenzusteuern

- Informationen über die Autorin/den Autor, die dem Interesse der Schüler am Autor als privater Person entgegenkommen
- Materialien aus dem Literaturbetrieb wie Klappentexte, Rezensionen, Titelvarianten, Jurybegründungen u. ä., die Einblick in das literarische Leben geben und über den Produktions- und Distributionsapparat der Kinder- und Jugendliteratur informieren
- Zusatztexte, die in einem inhaltlichen Zusammenhang mit dem jeweiligen Buch stehen und ein vergleichendes Lesen initiieren (themenverwandte Textsorten aller Art)
- Zusatztexte, die Sachinformationen zu einem behandelten Thema bereitstellen
- Materialien von Kindern, die ihre Rezeption und die methodische Vielfalt ihrer Rezeptionsaktivitäten dokumentieren und zur eigenen Produktion anregen (Zeichnungen, weiterführende Erzählungen, Briefe, Meinungsäußerungen etc.)

Peter Härtlings Kinderbücher

Seit 1970 schreibt Peter Härtling für Kinder und gehört auch in diesem Bereich zu den bedeutendsten und rennomiertesten Autoren.
Von kaum einem anderen Autor liegen so zahlreiche differenzierte Aussagen über Absichten, Wünsche und Vorstellungen beim Schreiben für Kinder vor, was auf fruchtbare Weise die Möglichkeit gibt, seine Texte vor dem Hintergrund seiner authentischen theoretischen Überlegungen zu verstehen.
Nach eigenen Aussagen waren es vor allem zwei Beweggründe, die den Vater und den Autor Peter Härtling zum Schreiben für Kinder veranlaßt haben: die Beobachtungen und Erfahrungen mit den eigenen Kindern und der Unmut über die Art der Literatur, die seine Kinder lasen. Peter Härtling stellte fest, daß seine Kinder bis zu dem Tag, als er anfing, ihnen ganz bewußt zuzuhören, eigentlich ein zweites, bisher unbemerktes Leben geführt hatten und dabei auch ihre ganz eigene Sprache gebrauchten. Diese Beobachtungen hielt er in dem 1970 erschienenen Buch »Und das ist die ganze Familie« fest. Er stellt darin die alltägliche Wirklichkeit seiner eigenen Kinder dar und läßt sie ihre Sprache sprechen. Es wurde ein Buch *über* Kinder, nicht *für* Kinder.
Das zweite Motiv, für Kinder zu schreiben, entsprang seinem Unbehagen über die Darstellung der Wirklichkeit in der damaligen Kinder- und Jugendliteratur. In seiner Laudatio zur Verleihung des Deutschen Jugendbuchpreises 1969 in Bayreuth[1] setzt er sich theoretisch mit diesem Unbehagen auseinander und formuliert seine Kritik an der damals bestehenden Kinder- und Jugendliteratur so: »Es gibt eine Literatur für Kinder, deren Verlogenheit kränkend ist. Die Welt wird

---

1 »Die Wirklichkeit der Kinder«

verschönt, verkleinert, bekommt Wohnstubengröße. In ihr geschieht nichts Unzuträgliches, und wenn, dann springt immer ein Held aus der Ecke, das Kind zu schützen. So nicht!« und gegen Ende der Rede: »Die Literatur ist auch die Wirklichkeit der Kinder. Die Wirklichkeit von 1969 ist nicht die von 1900, in der sich die Welt der Kinder häufig bewegt.«
Die Wirklichkeit von 1969 war geprägt von der studentischen Emanzipationsbewegung, von neuen sozialwissenschaftlichen Theorien und politischen Konzepten. Vor diesem Hintergrund kam es auch zu einer vehementen Kritik an der damaligen Kinder- und Jugendliteratur, der man Realitätsabgewandtheit, die Vermittlung illusionistischer Weltbilder und eine Verschleierung von Problemen durch »Schonraumdenken« vorwarf. In der Kinder- und Jugendliteratur vollzog sich Ende der 60er/Anfang der 70er Jahre ein Umbruch, eine Wende zu einem neuen Realismus, zu der auch Peter Härtlings Bücher maßgeblich beigetragen haben. Diese neorealistische Kinder- und Jugendliteratur bringt Probleme zur Sprache, die bisher von einer verharmlosenden Literatur für Kinder weitgehend ausgespart worden waren. Die Kinderliteratur hatte bis dahin nicht die ganze komplexe Realität der Kinder aufgezeigt, sondern nur die »heilen« Wirklichkeitsausschnitte, diejenigen, die zumutbar erschienen.
Peter Härtling setzt dagegen seine Vorstellungen von einer Literatur für Kinder: »Bücher, die ich meine, sollen nicht beschwichtigen, sie sollen beunruhigen und wecken. Neugierig sollen sie machen auf Menschen und Dinge, auf das Unbekannte im Bekannten, sogar auf das Unmögliche. Bücher können zu neuen Gedanken herausfordern. Denk weiter, rede weiter, erzähl weiter. Trau deiner Phantasie, aber lasse sie die Wirklichkeit nicht vergessen: Das sind Leitlinien, auf denen Sätze für Kinder geschrieben werden können. Und dies alles nicht ohne Witz, Vergnügen, Liebe, Anschauung und Erfahrung, Genauigkeit, Leidenschaft, Vernunft. Und das in einer

Sprache, die Empfindungen nicht verkleinert.« Diese Erwartungen an Kinderliteratur gaben den Startschuß für sein Programm: »Und ich stellte fest, daß die Literatur überaus aufmerksame, spontane, kritische, phantasievolle Leser nicht ernst nahm. Das war der Anstoß: Versuch es selber, meckere nicht über andere.«
Diese Vorstellungen von Kinderliteratur hat Peter Härtling selbst mit seinen Büchern eingelöst, sie charakterisieren gleichzeitig seine Literatur für Kinder.
Die Figuren aus seinen Büchern entstammen nicht dem literarischen Schonraum, sondern müssen sich mit Problemen auseinandersetzen, die auch zur Wirklichkeit der Kinder gehören, und die man ihnen bis dahin zwar in der Realität, nicht aber in ihrer Literatur zugemutet hat. Dadurch wurde ihnen die Möglichkeit vorenthalten, die eigene Realität mit Hilfe von Literatur besser zu verstehen. Bereits in seinem ersten Buch, das Peter Härtling *für* Kinder geschrieben hat, »Das war der Hirbel« (1973), bricht er ein Tabu und erzählt von einem geistig behinderten Jungen. Zur Rezeption des Buches sagt der Autor: »Das Buch wurde erst einmal kaum beachtet. In ihm gab es kein Happy-End, es versöhnt nicht, also war es heranwachsenden Lesern auf keinen Fall zuzumuten. Literatur wurde, nach dem Verständnis vieler Eltern, für Kinder erträglich erst dann, wenn sie der Wirklichkeit beschönigend entgegnete, wenn sie harmonisierte und heilte. Lehrerinnen und Lehrer begriffen jedoch bald, daß diese törichte Schonung zugleich auch einen Entzug an sozialem Reagieren bedeutete. Wieviel Unerklärtes und Unerklärbares erfahren Kinder in ihrem Alltag...«[2]
Auch die anderen Kinderfiguren in seinen Büchern erleben die Wirklichkeit als schwierig und belastend: Kalle in »Oma« (1975) hat bei einem Unfall seine Eltern verloren und wird nun

---

2 aus: »Von den Anfängen zwischen Himmel und Erde« in der Frankfurter Allgemeinen Zeitung vom 17.12.1988

von seiner Großmutter versorgt. Theo in »Theo haut ab« (1977) hält den Streit der Eltern nicht mehr aus und läuft von zu Hause weg. Jakob in »Jakob hinter der blauen Tür« (1983) muß den Tod des Vaters verarbeiten. Thomas in »Krücke« (1986) ist ein Opfer des Krieges und findet in einem Invaliden einen Freund und Beschützer, der ihm bei der Suche nach seiner Mutter hilft, und Fränze in Härtlings letztem gleichnamigen Kinderroman (1989) erlebt die Auswirkungen der Arbeitslosigkeit des Vaters in den Bereich der Familie hinein. Peter Härtling schont seine Leser nicht, bietet ihnen aber gleichzeitig Modelle der Realitätsbewältigung und erweitert ihr Spektrum an sozialen Erfahrungsmöglichkeiten. Trotz aller Härte der Realität, die seine Kinderfiguren erfahren, läßt sie der Autor doch nie hoffnungslos zurück. Häufig finden sie einen erwachsenen Beschützer, der sie versteht und ihnen hilft (so z. B. in »Theo haut ab« und in »Krücke«). Es sind – wie Härtling sagt – zumeist Menschen, die etwas von Anfängen verstehen, oder aber die Figuren schöpfen ihre Hoffnung aus der Erkenntnis, »daß es immer wieder Anfänge gibt, daß es keinen Dauerzustand von Glück gibt, den man festhalten kann. (...) Unser Leben besteht aus ganz vielen Anfängen, und wer das weiß und wer das kann, der ist gut dran.«[3]
Der sehr genaue und bewußte Umgang mit Sprache und das Einfühlungsvermögen in kindliche Gefühle und Verhaltensweisen machen Härtlings Nähe zu Kindern deutlich. In gleichem Maße bezieht er den Stoff für seine Romane aus der Erinnerung an das Kind, das er selber einmal war. Die Wärme und Einfühlsamkeit, mit der Härtling seine Personen beschreibt, läßt die Leser nachempfinden und mitfühlen. Die Lektüre läuft nicht nur über den Kopf ab, sondern sehr stark über eine innere Beteiligung, die – wie unzählige Leserreaktionen beweisen – zu einem starken Engagement führen kann.

---

[3] Vgl. dazu das Werkstattgespräch im Materialienteil

»Oma« im Unterricht

Textanalyse

Peter Härtlings realistischer Kinderroman »Oma« ist 1975 erschienen. Bereits der Untertitel verrät den Lesern, was sie erwartet: Die Geschichte von Kalle, der seine Eltern verliert und von seiner Großmutter aufgenommen wird.

Im Mittelpunkt des Romans steht die Entwicklung der Beziehung zwischen dem Jungen Kalle, der im Alter von fünf Jahren durch einen Verkehrsunfall Vollwaise wird, und seiner 67jährigen Großmutter Erna Bittel, die von nun an für ihn sorgt. Kalle muß nach dem Tod der Eltern seine gewohnte Umgebung – eine Kleinstadt im Rheinland – verlassen und zur Großmutter nach München ziehen. Die Umstellung auf die neue Lebenssituation ist für beide nicht leicht. Kalle lebt nun in den bescheidenen Verhältnissen einer Rentnerin, deren Tagesablauf und Lebenseinstellung sich in vielem von Kalles bisherigem Leben mit seinen Eltern unterscheiden. Auch für Erna Bittel bedeutet die Anwesenheit des Enkels eine gravierende Umstellung und läßt erste Selbstzweifel aufkommen, ob sie sich vielleicht mit der Erziehung des Jungen zuviel vorgenommen hat, und manchmal auch die Angst, nicht so lange für ihn dasein zu können, wie er sie wirklich braucht.

Erna Bittel ist eine selbstbewußte, durchsetzungsstarke, resolute, mit trockenem Humor ausgestattete Persönlichkeit, die vieles hat und kann, was Kalle gefällt: Bei den gemeinsamen Einkäufen und einem Behördengang lernt Kalle, daß man sich nichts vormachen lassen darf, Omas respektlose Witze imponieren ihm: »Sie ließ sich nichts sagen und hatte vor niemandem Angst.« Sie hält zu ihm, als er Schwierigkeiten in der Schule hat, und kann seine Vorliebe für Fußball verstehen.

Aber Oma hat auch Eigenheiten, die Kalle irritieren: Es ist ihm peinlich, als sie sich in einen Streit mit seinen Spielkameraden einmischt. Es langweilt ihn, wenn sie immer wieder Geschichten aus ihrer Vergangenheit erzählt, und auch ihre nicht ganz wahrheitsgetreue Wiedergabe von gemeinsamen Erlebnissen ist für ihn schwer zu verstehen. Zu ernsthaften Auseinandersetzungen kommt es immer dann, wenn Oma schlecht über Kalles Mutter spricht. Auf der anderen Seite spürt er ihre Zuneigung, Solidarität, ihr Verständnis und die Bereitschaft, ihn ernst zu nehmen. Oma hält bei einem Schulkonflikt zu ihm, obwohl er sie angeschwindelt hat.

Für Oma bedeutet das Zusammenleben mit dem an andere Erziehungsvorstellungen gewöhnten Enkel eine gewaltige Anstrengung und Herausforderung und zwingt sie zum Umdenken. Sie schwankt zwischen gelegentlich aufkommenden Selbstzweifeln und der Freude darüber, daß ihr Enkel und die neue Aufgabe sie geistig beweglich und jung erhalten. Kalle ist ihre Medizin, denn »das Alter wird dann schrecklich, wenn man vor lauter alten Leuten das Leben rundum nicht mehr sieht.«

Zwar glaubt Oma, daß sie nichts von »neumodischer« Erziehung versteht, praktiziert jedoch fast beispielhaft eine sehr partnerschaftliche Form des Zusammenlebens mit einem Kind, indem sie es ernst nimmt, auf seine Bedürfnisse eingeht und selbst auch bereit ist, in Konfliktfällen über ihr Verhalten nachzudenken und eingefahrene Ansichten in Frage zu stellen. »Es kann sein, daß ich was falsch mache, mit Kalle. Jetzt die Sache mit dem Brief. Bin ich womöglich zu gut mit ihm?« Oma besteht nicht darauf, als die Ältere ihre Lebenserfahrungen einseitig weiterzugeben, sondern ist vielmehr selbst auch bereit, dazuzulernen, Dinge neu zu betrachten. »Da ärgere ich mich über den Jungen, wenn er selbständig wird, und eigentlich sollte ich mich freuen. Es ist doch egal, wenn er mir mal in meine Angelegenheiten pfuscht. Ich hab mich auch schön hilf-

los benommen.« Offene Gespräche zwischen Enkel und Großmutter führen zum Abbau von Spannungen und erleichtern es, Verständnis für den anderen zu entwickeln. So erfährt Kalle, daß auch Erwachsene Ängste und Schwächen haben, und gewinnt im Zusammenleben mit der Großmutter Selbstvertrauen und Selbständigkeit. Umgekehrt verhilft er ihr zu neuen Einsichten und Erkenntnissen. Als Oma krank wird, merken beide, wie sehr sie aneinander hängen, und auch, wie sehr sie sich brauchen und aufeinander verlassen können. Gedanken an Alter und Tod werden nicht verdrängt, sondern kommen auf unsentimentale Weise zur Sprache als ein Bestandteil des Lebens, auf den man sich innerlich einstellen muß.
Großmutter und Enkel machen in der Zeit des Zusammenlebens, im Prozeß des Sich-aneinander-Gewöhnens, die Erfahrung, daß man auf der Basis von Zuneigung, Achtung, Solidarität, Toleranz und Offenheit generations- und wesensbedingte Unterschiede überbrücken kann.

Die Geschichte von Kalle und Oma wird über einen Zeitraum von fünf Jahren erzählt und ist in fünfzehn Kapitel gegliedert. Jedes Kapitel behandelt eine in sich abgeschlossene Episode aus dem Alltagsleben der beiden. Die Überschriften verweisen auf den Inhalt und machen neugierig: »Oma sorgt für Gerechtigkeit, und Kalle schämt sich für sie« – »Oma gewinnt einen Freiflugschein« – »Oma diskutiert mit dem Fernsehapparat«. Der Erzähler bewegt sich dabei auf zwei Ebenen: Der Handlungsablauf und die Gefühls- und Gedankenwelt des Jungen werden aus der auktorialen Haltung eines allwissenden Erzählers wiedergegeben, der den Verlauf der Geschichte ebenso kennt wie die Innensicht der Personen. Die Gefühle, Einstellungen und Überlegungen der Großmutter erscheinen am Ende jedes Kapitels in Form eines kurzen inneren Monologs und charakterisieren gleichzeitig Erna Bittel noch differenzier-

ter: »Wenn Kalle wüßte, was ich ihm manchmal vormache. Da war die Sache mit dem Fußball. Ich hatte ganz einfach Angst um ihn (...) Ich hab mich so geschämt wegen meines Mißtrauens. So was soll nicht wieder vorkommen, Erna Bittel!« Der Leser nimmt nun die zuvor geschilderten Ereignisse aus der Perspektive der Großmutter wahr. Dabei ergreift der Autor nie Partei, sondern ermöglicht den Lesern durch den Perspektivenwechsel einen unmittelbaren Einblick in die Gefühls- und Gedankenwelt aller Beteiligten und überläßt es ihnen selbst, das Geschehene nochmals zu reflektieren, Partei zu ergreifen und selbst zu einem Urteil / zu einer eigenen Meinung zu kommen. Der Leser wird dadurch in eine aktive Lesehaltung versetzt und automatisch zu einer selbständigen gedanklichen und gefühlsmäßigen Auseinandersetzung mit dem Geschehen gebracht. Durch diesen formalen Kunstgriff wird der Inhalt optimal vermittelt. Die ernsthafte Bereitschaft zur Auseinandersetzung mit dem Wesen, den Bedürfnissen, den Ansichten des jeweils anderen ermöglicht es den Hauptfiguren, eine partnerschaftliche, tragfähige Beziehung aufzubauen; gleichzeitig wird diese Bereitschaft durch Härtlings Erzählweise auch bei seinen Lesern aktiviert. Sie nehmen durch den Perspektivenwechsel teil am Entwicklungsprozeß, an der inneren gedanklichen und gefühlsmäßigen Auseinandersetzung zwischen Kalle und Oma und damit an der ständigen Diskussion von Norm- und Wertvorstellungen.
Härtlings Sprache ist einfach, bildhaft und schnörkellos und dürfte auch bei ungeübten Lesern nicht zur Barriere werden. Der trockene, manchmal bissige Humor der Großmutter läßt dabei das Lesevergnügen nicht zu kurz kommen.
Härtlings Roman hat autobiographische Züge, denn auch der Autor hat, durch den Krieg, als Kind seine Eltern verloren und wurde von seiner Großmutter versorgt.

»Oma« wurde 1976 mit dem Deutschen Jugendbuchpreis und

1978 mit dem Wilhelmine-Lübke-Preis des Kuratoriums Deutsche Altershilfe ausgezeichnet. Das Buch wurde bisher in über zwanzig Sprachen übersetzt, darunter ins Griechische, Italienische, Türkische, Spanische und Portugiesische.

Didaktische Überlegungen

Es ist nicht verwunderlich, daß ein Kinderbuch vom literarischen und literaturpädagogischen Wert wie »Oma« seit Jahren auch als Klassenlektüre gelesen wird. Unzählige Briefe von jungen Lesern und ganzen Schulklassen an Peter Härtling beweisen, daß hier die Gefühls- und Gedankenwelt, der Erfahrungshintergrund und das Weltverständnis von neun- bis elfjährigen Kindern genau getroffen werden. Die Probleme im Umgang zwischen den Generationen, die Schwierigkeiten, sich in eine neue Umgebung einzugewöhnen und auf neue Menschen einzustellen, herauszufinden, was richtig und falsch ist, die Notwendigkeit, sich mit unterschiedlichen Erziehungsvorstellungen der Erwachsenen auseinanderzusetzen und eine Orientierung zu finden – diese Themenkreise sind allen Kindern vertraut.

Mißt man den didaktischen Wert eines Kinderbuches an seiner möglichen Funktion, den Prozeß der Ichfindung und Wertorientierung zu unterstützen, so kann »Oma« diesen Anspruch fast modellhaft erfüllen: In altersadäquaten, emotional ansprechenden Situationen aus dem eigenen Erfahrungsbereich können die Leser Kalles und Omas Entwicklungsprozeß, die gedankliche und gefühlsmäßige Auseinandersetzung mit den Vorstellungen des jeweils anderen nachvollziehen. Sie werden sensibilisiert für die Gefühls- und Erfahrungswelt älterer Menschen. Eigenschaften wie Solidarität, Unvoreingenommenheit, Toleranz, Achtung, Zuneigung, flexibles Rollenverhalten etc. vermittelt Härtling unaufdringlich und ohne zu moralisieren. Durch den Perspektivenwechsel verhindert der Autor eine vorschnelle Parteinahme und zu einfache Vorstellungen von »richtigem« und »falschem« Verhalten, wie sie Kinder dieser Altersstufe gern haben. Vielmehr stellt er immer beide Seiten dar, mit viel Sympathie und Verständnis für alle Beteiligten. Die Einsicht, daß man auch bei unterschiedlichen generationsbedingten Lebenseinstellungen auf der Basis von Zuneigung, Achtung, Toleranz, Offenheit und Flexibilität Spannungen überwinden kann, wird in anschaulicher, humorvoller Weise vermittelt.

Die vielen Reaktionen der Kinder, wie sie in der Korrespondenz mit dem Autor zum Ausdruck kommen, zeigen deutlich, daß die Lektüre von »Oma« weitgehend von selbst einen phantasievollen, kreativen und produktiven Umgang mit Literatur in Gang setzt. Inhalt und Form regen an zum Weiterdenken, Weiterschreiben, Malen, Diskutieren, Nachspielen, Umformen, Stellungnehmen usw. Wie die Beispiele im Anhang zeigen, haben die Leser ihre persönliche Betroffenheit und ihren Spaß an der Lektüre umgesetzt in eigene Produktivität und damit so auf das Buch geantwortet, wie es sich der Autor immer wünscht: »Oma ist nämlich unterwegs, um Eurer Phantasie auf die Sprünge zu helfen«, schreibt Peter Härtling an eine Schulklasse. Und in einem anderen Brief gibt er auf die Frage nach der Fortsetzung der Geschichte folgende Antwort: »Auf Eure Fragen müßt Ihr selber Antworten finden. Denn warum sonst hätte ich das Buch so offen ausgehen lassen. Ich wünschte mir seine Fortsetzung in den Köpfen der Leser. Nein, nicht eine Fortsetzung, sondern viele und ganz verschiedene.«

Methodische Anregungen

Es sollen hier keine fertigen Unterrichtsentwürfe vorgestellt werden, vielmehr eine Anzahl methodischer Anregungen, die erst im Hinblick auf die jeweilige besondere Situation der Klasse und die didaktischen Intentionen und Akzentsetzungen der Lehrerin/des Lehrers ausgewählt und angewandt werden können.

»Oma« scheint für den Einsatz im Deutschunterricht der Klassen 3/4/5 besonders geeignet. Aus dieser Altersstufe erhielt der Autor auch die intensivste Resonanz auf die Lektüre.

Der geplante Unterrichtsverlauf hängt natürlich davon ab, ob jeder Schüler das Buch zur Verfügung hat, ob der Roman als Ganzschrift gelesen (oder vorgelesen) wird oder ob nur jeweils einzelne der in sich abgeschlossenen Kapitel zum Thema einer Unterrichtsstunde gemacht werden. Viele Formen des Umgangs mit der Lektüre sind denkbar und sinnvoll: Das gemeinsame Lesen im Klassenverband, das gemeinsame Lesen einzelner Kapitel, (wobei der Handlungsverlauf zwischendurch vom Lehrer oder auch einzelnen Schülern zusammenfassend wiedergegeben werden kann), die individuelle Lektüre zu Hause mit bestimmten Leseaufgaben oder auch nur mit dem Impuls, das interessanteste Kapitel oder die interessanteste Stelle auszusuchen und diese Auswahl zu begründen.

Der Schwerpunkt der Auseinandersetzung mit dem Text wird vermutlich auf dem freien Unterrichtsgespräch liegen, wobei den spontanen, individuellen Reaktionen und Äußerungen der Schüler genügend Raum gelassen werden sollte. Erfahrungsgemäß werden dabei die Stellungnahmen der Schüler zum Verhalten von Kalle und Oma in den geschilderten Alltagssituationen einen wichtigen Teil ausmachen. Der Bezug zur eigenen Erfahrungswelt wird von den Schülern an vielen Stellen der Lektüre sofort hergestellt.

Folgende Impulse und Aufgabenstellungen für den Umgang mit der Lektüre bieten sich an:

Einstiegsmöglichkeiten:
- Vom Titel her: Die Kinder berichten über ihre Erfahrungen mit den Großeltern oder anderen älteren Menschen.
- Ferien bei der Oma/den Großeltern: Die Kinder berichten über das zeitweilige Zusammenleben mit den Großeltern – die Unterschiede in der Lebensweise oder den Ansichten werden möglicherweise bereits hier schon angesprochen.
- Ausgehend von der Situation plötzlich verwaister Kinder: Hier könnte z. B. ein Zeitungsbericht über einen Verkehrsunfall, ein Flugzeugunglück o. ä. ein Gespräch darüber in Gang bringen, was nun mit den Kindern geschieht.

Möglichkeiten der Textdarbietung:
Hier sind viele Möglichkeiten denkbar und sinnvoll:
- Gemeinsames Lesen im Klassenverband
- Individuelles Lesen in der Schule oder zu Hause, evtl. mit Aufgabenstellungen wie: Mein Lieblingskapitel / Die Stelle, die ich am lustigsten/am interessantesten fand / Was alles anders ist bei Oma etc.
- Individuelles Lesen zu Hause und Berichten über die einzelnen Kapitel im arbeitsteiligen Verfahren
- Vorlesen durch den Lehrer, evtl. mit einer Zusammenfassung des Handlungsverlaufs zwischendurch
- Die gemeinsame Lektüre nur eines Kapitels[1]

Anregungen zum Umgang mit dem Text:
Mögliche Fragestellungen und Impulse zur Auseinandersetzung mit dem Text in Individual-, Partner- oder Gruppenarbeit und im Unterrichtsgespräch:
- Was findest du an Oma gut und was nicht? Was findest du an

---

[1] Vgl. dazu einen Unterrichtsvorschlag von Kaspar H. Spinner zur Behandlung des Kapitels »Oma sorgt für Gerechtigkeit, und Kalle schämt sich für sie« in Praxis Deutsch, Mai 1989

Kalle gut und was nicht? Was ist alles anders bei Oma? Was gefällt Oma an Kalle besonders gut, und was kann sie nicht so gut verstehen? Was gefällt Kalle an Oma besonders gut, und was kann er nicht so gut verstehen? Wovor hat Oma Angst? Warum kommt die Fürsorgerin? Findest du, daß Kalle zu bedauern ist? Woran muß Kalle selbst denken, als Oma im Krankenhaus ist? Was lernt Oma von Kalle, und was lernt Kalle von Oma? etc.
- Nachspielen einzelner Szenen (auf dem Amt / der Konflikt mit den Spielkameraden, evtl. mit alternativem Handlungsverlauf)
- Antizipieren des Handlungsverlaufes an besonderen Stellen und Vermutungen über den Fortgang der Handlung:
  Wie wird sich Oma in der Szene mit der zerrissenen Hose verhalten? Oder Alternativen entwerfen: Wie hätte sie sich deiner Meinung nach verhalten sollen, so daß es Kalle nicht peinlich gewesen wäre? Wie wird Oma auf den Brief der Firma reagieren? Wie wird sich Oma in der Schule verhalten? Wie wird Kalle zurechtkommen, wenn Oma im Krankenhaus ist?
- Das Geschehene aus einer anderen Sicht berichten:
  Kalle schreibt einen Brief an einen Freund und berichtet über das Zusammenleben mit Oma. Oma erzählt ihrer Freundin von ihren Erfahrungen mit Kalle. / Den inneren Monologen der Oma innere Monologe von Kalle gegenüberstellen (Kalle sieht es anders oder: Kalle führt ein Tagebuch). / Der Beamte erzählt am Abend seinen Kindern, wie sich Oma verhalten hat.
- Den verschwundenen Brief der Lehrerin an Kalle entwerfen. / Den Bericht der Fürsorgerin an ihre Dienststelle entwerfen. / Ein Gespräch zwischen Fürsorgerin und Lehrerin entwerfen.
- Bilder zu einzelnen Szenen malen (z. B. zur lustigsten Szene). Die Szene »Oma sorgt für Gerechtigkeit« illustrieren

und die Personen mit Denk- und Sprechblasen versehen: Was denken Kalles Freunde? Was denkt Kalle?
- Ein Notizzettel: Omas Reisevorbereitungen / Kalles Merkzettel, als Oma im Krankenhaus ist
- In den eigenen Erfahrungsbereich übertragen: Meine Oma / Mein Opa ist anders – Omageschichten und Opageschichten[2]
- Omabilder / Opabilder (Wandzeitung)
- Einzelne Kapitel umschreiben: Welche Kapitel hättest du anders geschrieben?
- Fortsetzungsgeschichten von Kalle und Oma erfinden

Über den Text hinausgehend:
- Ausgehend von den abgedruckten Lesermeinungen eine eigene Stellungnahme zur Geschichte abgeben
- Nach der Lektüre der Rezensionen im Anhang eine eigene Buchkritik schreiben
- Ein Werbeplakat für das Buch entwerfen
- Eigene Illustrationsvorschläge zum Inhalt machen
- In der Auseinandersetzung mit dem Materialienteil den Weg des Buches vom Autor zum Leser nachvollziehen und damit Einblick in den Produktions- und Distributionsapparat von Kinder- und Jugendliteratur gewinnen
- Den thematisch verwandten Text »Marion guckt aus dem Fenster« von Susanne Kilian lesen und die Situation der alten Frau mit Omas Situation vergleichen (vgl. S. 56ff.)
- Sachinformationen über die Situation älterer Menschen einholen
- Kontakt zu älteren Bürgern aufnehmen: Interviews mit Nachbarn, Bekannten, Bewohnern eines Altenheims, Mitgliedern der »Grauen Panther« etc.

---

2 Vgl. dazu den Unterrichtsvorschlag von Gerhard Haas in »Lesen in der Schule mit dtv junior und dtv«. Unterrichtsvorschlag 7. München 1980

Zusatzmaterialien

Zur Rezeption von »Oma«

Kindermeinungen zu »Oma«

Wir haben Ihr Buch »Oma« gelesen und sind alle davon sehr begeistert. Uns gefällt an der Oma, daß sie witzig, humorvoll und hartnäckig ist. Was Oma sich vornimmt, führt sie auch aus, und sie setzt sich durch ...

Klasse 4a, Neckarschule Plochingen

Uns hat gefallen, wie Sie die Personen Oma und Kalle dargestellt haben, denn wir finden, daß die beiden der Wirklichkeit entsprechen. So wie sie sprechen und denken, kann man sich gut in sie hineinversetzen. Wir fanden auch sehr gut, daß Sie nach jedem Kapitel Omas Gedanken mitgeteilt haben. So konnten wir sie viel besser verstehen. Omas Witz brachte viel Schwung in die ganze Geschichte. Wir haben häufig über ihre Späße und ihre witzige Art gelacht, besonders in dem Kapitel mit der Fürsorgerin.
Einige Punkte wollen wir jedoch auch kritisieren. So fiel uns auf, daß Sie häufig Wortwiederholungen benutzt haben. »Sagte« kommt zum Beispiel 177mal vor. Das hat uns sehr gestört, besonders, wenn wir die Texte laut vorgelesen haben. Sie setzen auch nie Zeichen bei der wörtlichen Rede. Das empfanden wir als sehr unübersichtlich. Wir hätten auch gern mehr Bilder in dem Buch gehabt. (...)
Sie haben zwar Omas Gedanken beschrieben, aber wir hätten gern noch mehr über die einzelnen Ereignisse aus Kalles Perspektive erfahren. Auch wenn uns die Oma insgesamt sehr gut gefallen hat, meinen wir doch, daß Sie sie in einigen Punkten altmodisch dargestellt haben, zum Beispiel in ihrem Sonntagsstaat.

Klasse 6b der Heinrich-Hertz-Schule Hamburg

Was uns an dem Buch »Oma« gefallen hat:
- daß Oma so fühlt wie 30
- daß sie so offen ist und alles sagt, was sie denkt
- daß sie Fußballspielen gut findet
- daß nirgends über die Oma geschimpft wird
- daß Oma so lustig und rüstig ist
- daß Oma sich für Kalle einsetzt
- daß Oma manchmal einen trinkt
- daß Oma sich so gut wehrt und durchsetzt
- daß Kalle so selbständig ist
- daß Kalle die Oma im Krankenhaus besucht
- daß Kalle die Wohnung aufräumt, als Oma krank ist

Was uns an dem Buch »Oma« nicht so gut gefallen hat:
- daß dauernd wieder dasselbe Wort vorkommt, z. B. sagte
- daß Oma auf dem Amt so frech zu dem Beamten war, denn so was gibt es gar nicht
- daß die Mutter starb
- daß Oma über die Mutter schimpft
- daß Oma nicht zu Kalle gezogen ist
- daß Oma nicht zu Kalle gesagt hat, er soll sich umziehen, bevor er zum Spielen geht
- daß Oma sauer wird, wenn Kalle von seiner Mutter redet
- daß Oma immer von alten Geschichten erzählt, die Kalle nicht interessieren; mich würden sie auch nicht interessieren

Aus einem Brief der Klasse 4 der Grund- und Hauptschule Badenweiler

Wir möchten Ihnen alle danken, daß Sie das Buch »Oma« geschrieben haben. Unsere Klasse hat es als Klassenlektüre gelesen und ganz toll gefunden. Uns gefällt an der Oma besonders, daß sie immer so spontan reagiert. Mal muß sie tüchtig lachen, mal zieht sie ein saures Gesicht, und manchmal schimpft sie wie ein Rohrspatz. Sie haben das Buch ganz ver-

ständnisvoll geschrieben. Wir sahen zum Beispiel, daß nicht nur Kinder, sondern auch alte Leute Angst haben können.
Wie sind Sie auf die Idee gekommen, ein Buch über eine Oma zu schreiben? Haben Sie die Personen des Buches erfunden, oder kennen Sie eine wirkliche Oma, die ihren Enkel aufgenommen hat? Warum hat sich die Geschichte über so viele Jahre erstreckt? Und wie lange haben Sie gebraucht, um das Buch zu schreiben? Würden Sie auch noch ein Buch mit dem Titel »Opa« veröffentlichen?
Wir wünschen uns, daß Sie noch viele Kinderbücher schreiben.
Viele Grüße von der Klasse 4 der katholischen Grundschule Vechta-Hagen

Auf diesen Brief antwortete Peter Härtling:

Liebe Schülerinnen und Schüler der Klasse 4,
vielen Dank für Euren lieben Brief. Es freut mich, daß meine Oma Euch so ermuntert hat, über sie und Kalle nachzudenken.
Ihr fragt, wie ich auf die Idee gekommen bin, dieses Buch zu schreiben. Die lag bei mir nahe. Ich habe meine Kindheit in der Obhut einer Oma verbracht, da ich, wie Kalle, früh meine Eltern verlor (jedoch nicht durch einen Verkehrsunfall, sondern durch den Krieg und seine Folgen).
Nach meiner Vorstellung mußte die Geschichte ein paar gemeinsame Jahre von Oma und Kalle umfassen, damit man die Entwicklung der beiden in allen Einzelheiten erfahren kann.
Ich habe etwa fünf Monate an dem Buch geschrieben.
Zwar habe ich bisher kein Buch mit dem Titel »Opa« veröffentlicht, doch über einen Opa habe ich bereits geschrieben. Das Buch heißt »Alter John«.
Alles Gute wünscht Euch Euer Peter Härtling

»Mein Lieblingskapitel«

Mir gefällt das Kapitel »Oma auf dem Amt« am besten. Weil die Leute auf dem Amt am Anfang meinen, sie könnten mit alten Leuten machen, was sie wollen. Das merkt Oma und klopft auf den Putz.
Marcel, 4. Klasse

Mein Lieblingskapitel ist »Oma wird krank«. Denn da merkt er, wie er seine Oma braucht, er hat Angst, denn sie will er auch nicht verlieren, da er ja seine Eltern verloren hat. Kalle steckt in einer engen Situation, denn er malt sich aus, wenn Oma sterben würde und er dann in ein Waisenhaus käme. Später merkt man, wie froh und stolz er ist, denn er wird von seiner Oma gelobt, wie gut er den Haushalt führen kann.
Elmar, 4. Klasse

Ich finde das Kapitel »Oma in den Ferien« am schönsten. Warum? Weil dort die Oma über den Kaffee schimpft, laut durchs Haus poltert, die Wirtin sich Omas Meinung nach an ihr rächt, indem sie noch schlechteren Kaffee macht, und weil Oma in eine Grube fällt und das Erlebnis den anderen Gästen viel spannender wiedergibt. Der »Krieg« zwischen zwei Frauen und die Tatsache, daß auch Erwachsene flunkern.
Carmen, 4. Klasse

Mein Lieblingskapitel heißt »Kalle wird 10«, weil Kalle einen schönen Geburtstag feierte und Oma nicht über den Krach meckerte und nicht schimpfte, daß ein Junge Saft auf den Teppich goß.
Frank, 4. Klasse

Kalle sieht es anders – Innere Monologe von Kalle

Eine 6. Klasse nahm Härtlings Idee der inneren Monologe auf. Die Schüler/-innen kommentierten die einzelnen Kapitel – aus der Sicht von Kalle. Ein Beispiel:

Oma besucht mit Kalle eine Freundin im Altersheim

Ich finde es gemein von Oma, daß sie mich gezwungen hat mitzukommen. Klar, es ist verständlich, daß Oma ihre Freundin besuchen will, aber dafür braucht sie mich doch nicht. Die haben ja doch nur gequatscht, und ich konnte gar nichts machen. Am Anfang habe ich mich richtig geekelt. All diese alten Gesichter. Ob ich auch mal so alt werde? Bestimmt, jeder wird mal alt, Oma ist ja auch schon ziemlich alt. Aber sie ist so ganz anders wie Frau Wendelin. Vielleicht wäre sie auch da, wenn ich nicht bei ihr wohnen würde? Ach Quatsch, Oma ist anders. Sie wird nie da reinkommen, jedenfalls nicht, solange ich da bin. Mama hatte auch immer Angst vor dem Alter. In einer Beziehung hat sie es gut, sie kann nicht mehr alt werden, sie ist ja schon tot.
Komisch, ich muß immer an die Alten denken, die da im Sessel saßen, als würden sie jeden Moment sterben. Es muß schrecklich dort sein. Ich glaube, Oma ist richtig froh, daß wir wieder zu Hause sind. Eigentlich hat Oma das richtig gemacht, daß sie mich mitgenommen hat. Es war bestimmt nicht richtig von mir, mich aufzuführen wie ein kleines Baby. Was Oma sagt und tut, wird schon richtig sein. Oder? Na ja, auf jeden Fall fast immer. Es ist doch ganz gut, wenn ich mal weiß, wie das ist, alt zu sein. Ich habe es mir ganz anders vorgestellt. Ich dachte immer, man braucht nicht mehr zu arbeiten, geht in Pension oder wie das heißt und führt ein ruhiges Leben. Eins verstehe ich aber nicht. Wer bezahlt das eigentlich? Viele alte Leute sind doch unheimlich arm und haben keine Verwandten mehr. Ja, ich frag mal Oma. Die kann immer so gut erklären.

Eine Fortsetzungsgeschichte von Oma und Kalle

Viele Kinder denken sich weitere Geschichten von Oma und Kalle aus. Ein Beispiel aus einer 5. Klasse:

Kalle lockt Oma in das Schwimmbecken

Am Eingang mußten sie Eintritt bezahlen, und Oma schnaufte dabei: »Die Preise sind aber auch ganz schön gestiegen, denn als ich zwölf Jahre alt war, kostete der Eintritt noch 50 Pf.!«
Dann zogen sie sich um.
Kalle und Oma gingen nun in die Schwimmhalle. Es waren wenige Besucher dort. Oma wollte wieder hinaus, weil die Halle so groß und unheimlich war, aber Kalle hielt sie fest.
Kalle zog sie zum Beckenrand und sprang dann ins Wasser. Oma wurde dabei etwas naß und schimpfte: »Das Wasser ist mir zu kalt, ich gehe nicht ins Becken!«
Kalle überlegte nun, wie er Oma ins Wasser locken könne. Da fiel ihm eine List ein.
Er täuschte einen Krampf im Bein vor und schrie: »Oma, hilf mir, ich habe einen Krampf im Bein!«
Als die Oma das hörte, sprang sie sofort ins Wasser und schwamm zu Kalle. Doch der lachte und rief: »Mir fehlt nichts, ich wollte dich nur ins Wasser locken!« Da mußte Oma auch lachen.
Sie hatten jetzt so viel Spaß am Schwimmen und Spielen, daß sie gleich beschlossen, am nächsten Tag wieder schwimmen zu gehen.

Pia Schäfer, Wiesbaden

Oma ist anders – Omageschichten von Kindern

Die Schüler/-innen einer 4. Grundschulklasse aus Plochingen schrieben über ihre eigenen Omas:

Oma hat mit Opa zusammen ein Elektrogeschäft. Sie ist oft nervös und aufgeregt. (...) Oma ist sehr nett, aber sie hat leider nur wenig Zeit für uns. Wenn sie ausnahmsweise nichts im Geschäft zu tun hat, ist sie froh, wenn sie ihre Ruhe hat.
Oma denkt: Bin ich froh, daß sie wieder weg sind. Das war ein Lärm. Aber gefreut habe ich mich trotzdem, daß sie gekommen sind.
Sandra

Meine Oma war sehr sparsam. Das Licht durfte man erst einschalten, wenn es ganz dunkel war. Sie saß in ihrer kleinen Küche, um Heizkosten zu sparen. Meine Oma ging zur Kur, aber machte sonst keinen Urlaub. Sie kaufte auch nur Sachen, die sie wirklich brauchte.
Oma dachte: Ich muß sparsam sein, daß ich später niemandem zur Last falle.
Stefanie

Mich hat auch meine Oma erzogen. Es war sehr schön. Wenn ich Nasenbluten oder sonst etwas hatte, hat sie sich aufgeregt und sich um mich gekümmert. (...) Meine Oma liebt mich sehr. Jedes Mal, wenn wir von Griechenland wegmüssen, ist Oma immer sehr traurig, weil sie mich dort behalten will. Mir würde es nicht gefallen, deshalb gehe ich mit meiner Mutter.
Oma denkt: Warum bleibt der Junge nicht bei mir? Ich habe ihn großgezogen und will ihn wiederhaben. Vielleicht würde ihm das schwerfallen, aber versuchen kann er es einmal.
Dimitrios

Sie ist so besorgt um mich, und das ist ärgerlich. Wenn ich zum Beispiel draußen Rollschuh fahre, schaut sie aus dem Fenster und sagt: »Bleib in der Nähe, falls dir etwas passiert.« Oder wenn ich auf einer niedrigen Mauer laufe, sagt sie: »Paß auf, daß du nicht herunterfällst!« (...)
Oma denkt: Daß ich so besorgt um sie bin, hat schon seinen Grund. Wenn ihr was passiert, weiß ich ja, wo sie ist.
Sylvia

»Oma bekam Krach mit der Wirtin wegen des Muckefucks, von dem sie meinte, ihn könne man nicht trinken, er sei Spülwasser. Sie sagte: Wahrscheinlich tunken Sie einen Kuhschwanz in das kochende Wasser. So schmeckt er nämlich. Die Bäuerin forderte Oma auf, sofort das Haus zu verlassen...«
Zeichnung von Stéphanie Thomassin (13)

Einblick in den Literaturbetrieb und Informationen zum Autor

Drei Stimmen zu »Oma«

Der Verlag: Rückseitentext

Fünf Jahre alt ist Kalle, als er seine Eltern verliert. Erst kann er es gar nicht begreifen. Seine Oma nimmt ihn zu sich, in eine fremde Wohnung in einer fremden Stadt. Da merkt Kalle, daß alles ganz anders ist als früher mit Vater und Mutter, daß Oma prima ist, aber – alt. Und Oma denkt: Hoffentlich kann ich den Jungen richtig erziehen – in meinem Alter! Sie erzählt Kalle von »damals«, als alles anders war. Sie machen zusammen eine Reise. Sie haben viel Spaß miteinander, der Kalle und die Oma, aber es ist auch nicht immer ganz einfach. Kalle ist zehn, als Oma krank wird. Da zeigt sich, daß auch sie ihn braucht.

Die Kritikerin / der Kritiker: Eine Rezension

Peter Härtlings zweites Kinderbuch ist einer Figur gewidmet, die früher eine große Rolle in der Jugendliteratur spielte, in den letzten Jahren dort aber ziemlich kurz und schlecht weggekommen ist: der Oma. Vielleicht hat die lebhafte pädagogische Diskussion sie verdrängt, weil ihre Ansichten recht altmodisch waren, vielleicht spielt sie in kleinen Familien mit kleinen Wohnungen einen bescheideneren Part.
Die Großmutter, um die es hier geht, ist jedenfalls überhaupt nicht auf der Höhe der Erziehungsdiskussion, was ihrer Beliebtheit bei ihrem Enkel Kalle jedoch keinen Abbruch tut. Sie schimpft vor anderen Kindern, wenn er die Hosen zerrissen hat, sie mißtraut ihm und beobachtet ihn ängstlich, und wenn sie in ihr Schlafzimmer geht, schließt sie sorgfältig die Tür

hinter sich ab, weil sie sich geniert. Schließlich hat sie über lange Zeit hin keinen engeren Kontakt zu Kindern gehabt, als sie sich entschloß, ihren Enkel Kalle bei sich aufzunehmen. Er hatte seine Eltern bei einem Autounfall verloren.
Peter Härtling erzählt scheinbar anspruchslos vom Zusammenleben der alten Frau mit dem kleinen Jungen. Die Geschichte läuft ohne großartige Ereignisse ab. Von Anfang an haben Erna Bittel, so heißt die Großmutter, und der fünfjährige Kalle ein selbstverständliches Verhältnis zueinander. Kalle lernt einen patenten, witzigen alten Menschen mit all den Eigenheiten, die sich in einem langen Leben angesetzt haben, kennen und respektieren. Und die Oma fühlt sich von der Erziehung dieses Enkels herausgefordert.
Für Schmus ist in dieser trockenen Liebeserklärung an die Großmutter kein Platz. Auch am Ende vertragen Kalle und sie sich in manchen Punkten nicht, versteht Kalle nicht, warum sie immer von früher erzählt und wieso sie ungerechte Seitenhiebe gegen seine verstorbene Mutter austeilt. Aber – so das unausgesprochene Fazit – man muß ja nicht in jedem Detail einer Meinung sein, um sich gern zu haben. Die kleine Geschichte steht für nichts als sich selbst, es sei denn dies: daß die Intoleranz gegenüber einer anderen Lebensart, und dazu gehört das Alter, auch aus Unkenntnis entspringt.
in: Hannoversche Allgemeine Zeitung vom 22./23. November 1975

Aus der Jurybegründung zum Deutschen Jugendbuchpreis

Peter Härtling erzählt vom Zusammenleben einer alten Frau mit ihrem Enkel. Welche Probleme und Spannungen sich dabei für den Jungen und für die Großmutter ergeben, welche Lösungen sich anbieten, abgelehnt oder aufgegriffen werden, wird glaubwürdig beschrieben. Weil sich beide Menschen aber trotz der vielen immer wieder aufbrechenden Gegensätze achten und lieben, bildet sich ein Vertrauensverhältnis zwischen ihnen, auf dessen Grundlage es gelingt, auch ständig wiederkehrende Ärgernisse und störende Schwächen zwar bewußt aufzunehmen, aber doch letztlich zu akzeptieren und zu verzeihen, weil sie eben zu dem Persönlichkeitsbild des Gegenübers gehören. Peter Härtling ist mit diesem Kinderroman ein Werk gelungen, das in überzeugender Weise junge Leser mit den Problemen des Alterns, aber auch mit den Konsequenzen bekannt macht, die sich durch das Zusammenleben junger und alter Menschen ergeben. Ganz besonders hervorzuheben ist, daß diese Probleme durch die gefühlsmäßige Identifikation des Lesers mit der jungen Hauptperson des Buches nahegebracht werden können.

**»Unser Leben besteht aus ganz vielen Anfängen...«
Ein Werkstattgespräch mit Peter Härtling**

Im Vorwort seines Buches »Geschichten für Kinder« sagt Peter Härtling zu seinen jungen Lesern: »Manchmal bekommt der Dichter Briefe von Lesern. Ihr könnt Euch gar nicht ausmalen, wie wichtig sie ihm sind. Es sind Botschaften für ihn. Mehr noch. Aus dem Selbstgespräch, das er geführt hat, als er das Buch schrieb, wird mit einem Mal ein Gespräch. Da mischt sich jemand ein. Da sagt jemand: Ich hab dich verstanden. Oder: Warum hast du mir das nicht noch genauer erzählt? Oder: So etwas hab ich auch schon erlebt. In solchen Augenblicken ist der Schriftsteller glücklich. Auch wenn er allein an seinem Schreibtisch sitzt, ist er nicht mehr allein.«
Peter Härtling hat Hunderte von Kinderbriefen zu seinen Büchern bekommen. Auf sehr vielfältige, phantasievolle Weise haben sich da die Kinder eingemischt, auf die Bücher reagiert und das Gespräch mit dem Autor gesucht. Fast alle jungen Leserinnen und Leser konnten eigene Gefühle und Erfahrungen in den Büchern wiederfinden, und sie haben ihre Phantasie spielen lassen und auf die Texte geantwortet: Viele von ihnen haben die Geschichten nach ihren Vorstellungen zu Ende geschrieben, Briefwechsel und Gespräche zwischen den Romanfiguren erfunden oder sich sogar eine Fortsetzungsgeschichte ausgedacht. Andere haben Bilder gemalt, Hörspiele verfaßt und Theaterstücke aufgeführt. Wieder andere haben das Gespräch mit dem Autor auf direkte Weise gesucht: Sie haben Fragen gestellt und Meinungen geäußert, von eigenen Gefühlen und Erfahrungen berichtet und erzählt, was das Buch bei ihnen ausgelöst hat. Ich habe viele dieser Briefe gelesen, und es fiel auf, daß ein Teil der Fragen immer wieder auftauchte, daß es immer wieder dieselben Themen waren, die den Kindern besonders am Herzen lagen. Deshalb habe ich diese Fragen aufgegriffen und sie – sozusagen

stellvertretend für die Kinder – in dem folgenden Gespräch mit Peter Härtling nochmals persönlich gestellt.

Hannelore Daubert: *Herr Härtling, 1970 erschien Ihr erstes Kinderbuch »Und das ist die ganze Familie«, und soweit ich weiß, lassen Sie dort Ihre Kinder zu Wort kommen. Waren es Ihre eigenen Kinder, die Sie zum Schreiben für Kinder gebracht haben?*
Peter Härtling: Ja, es waren meine eigenen Kinder, die mich angeregt haben, aber es kam noch etwas hinzu, was nicht weniger wichtig war, das waren die Bücher, die meine Kinder lasen. Ich hatte schon mehrere Romane geschrieben, allerdings nur für Erwachsene, Gedichte, Aufsätze, aber nie daran gedacht, je für Kinder zu schreiben. Und ich war neugierig, und deswegen las ich mit, entdeckte da eine Kinderliteratur, die mir völlig fremd war. Ich möchte nur an die ganzen Serien erinnern, an diese Mädchenliteratur oder Pferde- und Ponyliteratur. All dies hat mich nicht nur verwirrt, sondern auch verdrossen und geärgert, während meine Kinder das besonders gern lasen, und ich dachte mir, versuchst du einfach mal etwas anderes.
Als ich eine erfundene Geschichte schreiben wollte – es stellte sich heraus, daß dies nicht so einfach ist –, scheiterte ich. Das ging nicht. Also habe ich an einem anderen Ende begonnen, hab mich mit meinen Kindern unterhalten, hab erst über die Bücher gesprochen. Und irgendwann, als mein Ältester mich zu trösten versuchte, als ich eine Rede[1] halten sollte für den Jugendbuchpreis und ich beim Schreiben nicht weiterkam, da sagte er einen fabelhaften Satz: »Erzähl doch einfach von uns.« Da war er sieben Jahre alt. Dies war nicht nur ein Startschuß, sondern das war eigentlich auch das Programm: Erzähl doch einfach von uns. Und ich reagierte etwas hilflos, indem ich sagte: »Erzähl du, erzähl! Erzähl mal, was du heute erlebt

---

1 »Die Wirklichkeit der Kinder«, Bayreuth 1969

hast!« Das tat er, wie Kinder dies spontan tun, und ich hörte – vielleicht zum ersten Mal – meinem Kind, meinem Ältesten, zu. Sonst hört man ja nicht richtig zu und sagt »ist schon gut« und so weiter. Jetzt hörte ich zu, hörte seine Sprache, hörte, was er erlebt hatte, wie es in der Schule war, entdeckte, daß unsere Kinder neben uns – neben meiner Frau und mir – eigentlich ein zweites Leben führten, ein fast unentdecktes Leben, und fing an, aus Interesse und aus Neugier mitzuschreiben. Die beiden Jüngeren – die Allerjüngste war damals noch nicht auf der Welt – kamen dann auch und wollten erzählen. Sie hatten eine andere Erzählform, die quatschten so schön durcheinander, und das schrieb ich auch auf. Auf diese Weise hatte ich die erste Anregung, im übrigen auch die Füllung für die Rede, denn ein Teil in der Rede besteht aus Erzählungen meiner Kinder. Aber auch das, was die Freunde meiner Kinder erzählten, fließt in diese Geschichten mit ein. Das ist ein ganzes Stimmengewirr. Wenn wir das heute lesen – mein Ältester ist inzwischen 26 –, sagen die oft: »Das ist unglaublich, das ist so, als bliebe in diesem Buch ein Stück unserer Zeit stehen«, was im Grunde schon ein Stück Wirklichkeit ist, festgehaltene Wirklichkeit. »Und das ist die ganze Familie« ist kein Buch *für* Kinder geworden. Das möchte ich klar und deutlich sagen, sondern es ist ein Buch *von* Kindern geworden, das ist etwas ganz anderes. *Für* Kinder ist der »Hirbel« geschrieben.

Daubert: *Eine Frage wird immer wieder von Kindern gestellt: Gibt es die Figuren, über die Sie schreiben? Den Hirbel gab es, gibt es alle anderen auch: Ben, Anna, Theo?*

Härtling: Es ist so mit meinen Figuren: Den Hirbel gab es, den gibt es vielleicht sogar noch. Wir wissen's nicht, wir haben seine Spur nicht verfolgen können, meine Frau und ich, da das Heim nicht mehr vorhanden ist. Es ist auch möglich, daß er inzwischen gestorben ist, denn er war sehr krank. Aber es gab ihn, es gab ihn aber auch wieder nicht, wie alle meine Figuren.

Für alle meine Figuren gibt es Anregungen und Vorbilder, aber diese Vorbilder sind nicht so, daß ich sie als Figur beschreibe, das tu ich nicht. Für mich ist das wie ein Puzzle. Ich setze die Figur zusammen aus eigenen Erfahrungen, aus Erlebnissen mit Menschen, aus Erinnerungen an Menschen, an Kinder, denen ich mal begegnet bin, an Gespräche, an ihr Verhalten. Und auch beim Hirbel ist es so, daß der Hirbel allein es nicht ist, auch die Erfahrung mit anderen ähnlichen Kindern, mit autistischen Kindern beispielsweise, spielt da eine Rolle. Dies alles gehört dann in einen Pott, und aus diesem einen Topf springt dann meine Figur. Sie ist nicht aus einem Foto herausgesprungen, sondern aus meiner Phantasie.

Daubert: *Sicher können sich Ihre jungen Leser auch sehr gut in die Figuren aus den anderen Büchern hineinversetzen und haben vermutlich auch da das Gefühl, daß es ihre eigenen Erfahrungen und Probleme sind, die zur Sprache kommen, wenn von Ben, Anna, Theo, Kalle und all den anderen die Rede ist. Dabei haben sie die Möglichkeit, indem sie über die Figuren sprechen, eigentlich über sich selber sprechen zu können, sich also hinter den Figuren zu verstecken. Ist das so? Kommt das in den Kinderbriefen zum Ausdruck?*

Härtling: Das ist ganz deutlich so, und es ist eigentlich fast in allen Briefen so, selbst in den Briefen, die von einer Klasse geschrieben werden – sozusagen unter Aufsicht der Lehrerin oder des Lehrers. Es bricht immer wieder raus, am deutlichsten in den Briefen zu »Ben liebt Anna«. Das ist aber klar, das sind Grundgefühle, die haben wir alle. In den Briefen setzen sich Diskussionen fort, die offenkundig zwischen den Kindern geführt worden sind und gar nicht mit dem Wissen des Lehrers.

Es gibt drei Diskussionen, die immer wieder laut werden und wo die Kinder mich auch mahnen, ob das denn richtig sei: Einmal das Alter – also daß 9–10jährige sich schon verknallen,

das sei schon ein starkes Stück, sie seien schließlich 11, und da wisse man das. Das zweite ist, daß alle – ausnahmslos alle Kinder – sich stark mit der Anna identifizieren, weil sie von draußen kommt, ein Ausländerkind ist. Übrigens schreiben die Kinder heute »Asylantin«. Vor zwei Jahren wurde das Wort noch gar nicht gebraucht. Die Kinder ergreifen da stark Partei, sagen aber auch, daß die Anna sich »blöd« benimmt, nicht weil sie eine Asylantin ist, sondern weil sie sich als Liebende zum Teil blöd benimmt. Der dritte Punkt, bei dem die Kinder sich mitunter wehren – und jetzt beginnt eine ganz schwierige Sache –, ist das Bad im See, wo sich Ben und Anna nackig ausziehen und baden. Ich habe mehrere Briefe, in denen vor allem türkische Schülerinnen sich vehement gegen diese Szene wehren. Sie finden das Buch sonst ganz toll, aber *das* darf man nicht, *das* darf ein Mädchen nicht. Das ist nicht in Ordnung. Manchmal wird dieser Zwist, diese Diskussion in den Briefen selber ausgetragen, daß also andere Kinder ganz betont schreiben, ich finde es toll, daß die das miteinander gemacht haben, nur: Dann kommt ein Kulturunterschied, der deutlich ist, und den akzeptiere ich auch. In den Antworten auf solche Briefe schreib ich grundsätzlich, meine Kinder dürften das – aber was heißt dürften –, ich weiß gar nicht, ob sie es gemacht haben, wenn sie es gemacht haben, haben sie ein Vergnügen daran gehabt. Aber ich verstehe, wenn jemand von sich aus sagt, weil er von woanders herkommt, das geht nicht. Ich bin bloß traurig, daß es für dieses Mädchen nicht geht, denn es würde etwas Wunderschönes erfahren. Das schreibe ich allerdings immer dazu.
Daubert: *In vielen Briefen zu »Ben liebt Anna« wollen die Kinder wissen, wie es denn nun weitergeht. Oftmals empfanden sie den Schluß als zu traurig. Damit wollten Sie doch sicher auch etwas bewirken?*
Härtling: Ja, das wollte ich. Beim Hirbel wollte ich es so nicht, beim Hirbel ergab es sich aus der Geschichte selbst. Da meine

Frau eben nicht mehr erfahren konnte, was aus dem Hirbel geworden ist, mußte dieser Schluß offenbleiben, er tat mir selber weh. Aber es ist eine Geschichte, die weh tun soll, und Kinder sollen auch mal merken, es geht nicht allen so prima. Bei »Ben liebt Anna« ist dieser Schluß ganz bewußt offengelassen. Einmal möchte ich, daß die Phantasie der Leserinnen und Leser weitergeht, daß sie angeregt werden, eine Geschichte weiterzuspinnen und weiterzudenken – und es gibt ja inzwischen eine Menge Fortsetzungen zu »Ben liebt Anna«, vor allem Briefwechsel zwischen Ben und Anna. Zum anderen aber – und das ist für mich auch wichtig – meine ich, daß es ganz egal ist, ob Erwachsene oder Kinder, Menschen mit 10 oder Menschen mit 50, daß alle sich immer wieder klarmachen müssen, daß Happy-Ends oder Glück oder wie man es auch immer nennt etwas ist, was wir nie festhalten können. Daß es mit uns etwas zu tun hat, daß wir es vielleicht an anderer Stelle fortsetzen oder wiederfinden können, aber daß es keinen Dauerzustand von Glück gibt – wir würden dabei wahrscheinlich auch krank werden oder wahnsinnig –, sondern daß es ein Auf und Ab gibt, ein Voneinander-Weggehen, ein Aufeinander-Zugehen. Ich sage immer, unser Leben besteht aus ganz vielen Anfängen. Und wer das weiß und wer das kann, der ist gut dran.

Daubert: *Es ist ja auch typisch für Ihre Bücher, finde ich, daß sie – auch wenn sie einen offenen Schluß haben oder kein gutes Ende – nie ein hoffnungsloses Ende haben. Auch die Kinder, die in sehr schlimmen Situationen sind und eine sehr harte Realität erfahren, finden oft – fast immer – einen Erwachsenen, der ihnen hilft und der sie versteht, und das ist ganz durchgängig. Ist das auch bewußt gemacht?*

Härtling: Ja, sicher. Und es sind immer Erwachsene, die etwas von Anfängen verstehen. Ob das der Papa Schnuff ist im »Theo«, oder ob es der Onkel in »Ben liebt Anna« ist, ein großer Spinner. Es sind immer Menschen, die Lust haben, sich

selber weiterzudenken, andere sagen: die spinnen. Aber die spinnen nicht nur, die haben Phantasie.
Daubert: Haben Sie eine Wunschvorstellung vom kindlichen Leser, was Kinder mit Ihren Büchern machen, wie sie damit umgehen sollen?
Härtling: Ich glaube nicht, daß es ein Wunsch- oder Idealbild von einer Leserin oder einem Leser gibt. Was ich mir erhoffe, ist etwas, was Kinder eigentlich grundsätzlich mitbringen. Das ist das Wunderbare, daß die Bereitschaft da ist, auch anderes, Fremdes, auch mal Erschreckendes, aber auch Wunderbares anzunehmen, mit ihm umzugehen, auch Leute, bei denen man vielleicht auf der Straße sagt: »Äh, den möchte ich gar nicht erst sehen«, wenn von ihm erzählt wird, sich dann doch zu sagen: »Ah, der bringt doch etwas mit, was mich interessiert.« Mehr kann ich von Kindern gar nicht wünschen. Und was ich noch erhoffe, das ist vielleicht schon ein Erhoffen – aber es ist viele Male bestätigt worden durch die Briefe –, ist, daß die Kinder durch Bücher Lust an Sprache bekommen. Meine Sprache ist keine Hochsprache, aber es ist eine Sprache, die Wirklichkeit mitnimmt, die satt ist, die Lust hat an Wörtern, und wenn dieser Funke überspringt, wär's prima.
Daubert: War denn das Kind Peter Härtling ein Leser?
Härtling: Ich war mehr als nur ein normaler Leser, ich war besessen und bin es bis heute. Ich lese, wo ich gehe, stehe, sitze, liege. Wenn ich nicht schreibe, quatsche oder mich mit meiner Familie oder mit Freunden unterhalte, dann lese ich. das hat sehr früh begonnen, so mit $6^{1}/_{2}$–7 Jahren fing ich nicht nur an zu lesen, sondern fing ich auch an, mich für die Bücher meiner Eltern zu interessieren. Meine Mutter war eine große Leserin – mein Vater auch, aber meine Mutter besonders – und eine eifrige Benutzerin von Bibliotheken. Und so war ich eigentlich mit 8 bereits bibliothekskundig, hab nie davon abgelassen bis heute... Ich kam dadurch auch an alles heran, an jede Form von Literatur. Ich erinnere mich beispielsweise an

ein Buch, »Nora oder Ein Puppenheim« von Ibsen, das habe ich allerdings zu Hause aus dem Schrank geholt, ein Drama; ich las von Nora – und obwohl ich eigentlich gar nichts verstand, begriff ich, daß das was ganz Tolles sein mußte, daß da etwas dahintersteckt, was Erwachsene außerordentlich beschäftigt, was vielleicht sogar verboten ist, außerdem in einer Sprache, die ich noch nicht so richtig mitkriegte, und das hat mich so gereizt, daß ich mich angestrengt nach oben las in die nächste Etage. Mit 11 kannte ich – ob das nun der Taugenichts von Eichendorff war, Felix Dahn oder die fünf Lederstrumpf-Bände von Cooper – schon eine Menge.
Daubert: *Mit wieviel Jahren haben Sie dann selbst angefangen, Bücher zu schreiben?*
Härtling: Mein erstes Buch, die Gedichte, die in meinem ersten Buch stehen, schrieb ich mit 16. Angefangen zu schreiben habe ich wohl mit 14 als Schüler. Ich hatte keine Eltern mehr; mein Vater war in der Kriegsgefangenschaft gestorben; meine Mutter ein Jahr später, sie hat sich das Leben genommen, und ich war sicher ein wahnsinnig schwieriger Schüler, ein kompliziertes Kind. Nun machen komplizierte Kinder auf verschiedene Weise auf sich aufmerksam: Die einen randalieren, die andern sind ganz verschlossen, die dritten schreien oder zerschlagen was, ich hab geschrieben. Ich hab Geschichten geschrieben, sehr früh auch Gedichte geschrieben. Ich hatte schon als 15jähriger engen Kontakt, guten Kontakt mit Malern, mit ganz bedeutenden, HAP Grieshaber beispielsweise, die mich auch förderten. Und mein Deutschlehrer, Erich Rall, mit dem mich bis zu seinem Tod eine enge Freundschaft verband, war für mich wahrscheinlich überlebenswichtig. Er war ein sehr aufmerksamer Mann, der hat nachgefragt: »Du schreibst doch, was tust du denn, laß mal sehen.« Ich hab mich erst geziert, dann hab ich ihm was gezeigt, er hat nie dumm kritisiert oder gesagt: »Das hast du ja abgeschrieben« oder so, sondern er hat gesagt: »Wenn du weiterschreibst, zeig's mir

auch weiter.« Und er war dann auch der, der mir, als ich 17 war, den Rat gab, mich an den Verlag zu wenden, meine Manuskripte, Gedichte, die er im übrigen auch auswählte, an den Verlag zu schicken, an den Bechtle Verlag in Esslingen. Und das tat ich. Dann bekam ich das erste Telegramm meines Lebens – ich war ungeheuer aufgeregt – von dem damaligen Lektor Kurt Leonhard, und das Bändchen erschien dann 2½ Jahre später: »Poeme und Songs« – das war mein erstes Buch, und von da an war's eigentlich klar, daß ich weiterschreiben würde.

Daubert: Es gibt ein paar ganz typische Fragen zu Ihrer Person und Ihrem persönlichen Umfeld, die Ihnen von den kindlichen Lesern immer wieder gestellt werden: »Haben Sie ein Haustier, wenn ja, was für eine Rasse, und wie heißt es?« Und: »Was sind Ihre Hobbys?«

Härtling: Haustiere hatten wir von Anfang an, aber erst, als wir Kinder bekamen. Haustiere aller Art, Hamster, Hasen, eine Katze, Fische, Vögel, nie Hunde. Ich hab mir immer einen kleinen Elefanten im Garten gewünscht, aber das geht nicht. Und die Hobbys sind bei mir: Lesen, ganz entschieden, reisen, mit meiner Familie, das ist das, was ich wahnsinnig gern tue, alles was mit Meer zu tun hat.

Daubert: Wenn sich Ihre eigenen Kinder altersmäßig aus der Nähe der Buchfiguren entfernen, woher nehmen Sie dann die Anregungen für Ihre Bücher, die Einfühlungsmöglichkeiten in kindliche Gefühle, Erfahrungen und so weiter?

Härtling: Das werde ich oft gefragt, auch von Kindern werde ich oft gefragt: »Wenn jetzt Ihre Kinder groß sind, was machen Sie denn dann?« Da kann ich nur drauf antworten: Ich bin mir gar nicht so sicher, was ich dann mache. Eines allerdings kann ich versichern: Ich gehe ständig mit Kindern um. Ich verliere sie nicht aus den Augen, ich höre auch, was sie reden, ob das nun an Schulen ist oder bei Freunden, und da ich eine große Neigung zu Kindern habe, ziehe ich sie auch an. Sie kommen

auch manchmal ungebeten zu Hause bei uns an. Was noch da ist, und was immer dasein mußte – ich glaube, daß das ebenso wichtig ist –, das ist das Kind in mir. Wenn das verlorengeht, dann kann ich wahrscheinlich nicht mehr schreiben, aber das rührt sich noch mächtig. Das ist noch da.
Daubert: Ist es im selben Maß Modell gewesen wie die eigenen Kinder?
Härtling: Immer, immer.
Daubert: Ist das Kind in Ihnen in irgendeiner Buchfigur besonders ausgeprägt?
Härtling: Es ist sicher in Thomas stark, dem Jungen in »Krükke«, es ist aber auch sehr stark, auf andere Weise, im Jakob. Die Störrigkeit, das Sich-zurückziehen-Wollen, das in Phantasie-Flüchten-Wollen, das gehört ein Stück zu meiner Kindheit dazu.
Daubert: Haben Sie eine Lieblingsfigur in Ihren eigenen Büchern? Ist Ihnen eine besonders sympathisch, besonders nah?
Härtling: Es gibt eine Lieblingsfigur, in den Kinderbüchern, und das ist kein Kind, das ist der alte John. Den lieb ich besonders, und ich hoffe, daß ich – wenn ich in die Greisenjahre komme – ein bißchen von dem habe, was der alte John hat, die Kindlichkeit, auch ein Stück Weisheit, Frechheit, Frische, das wünsch ich mir. Von den Kinderfiguren ist mir merkwürdigerweise immer noch am nächsten der Kalle aus der »Oma«. Ja, merkwürdigerweise.
Daubert: Die Kinder stellen Ihnen in ihren Briefen auch sehr häufig Fragen zu der Art und Weise, wie Sie schreiben, die technischen Details interessieren sie sehr: Wie lange schreiben Sie in der Regel an einem Buch, wann schreiben Sie am liebsten, wie und wo?
Härtling: Wie lange ich an einem Buch schreibe, das hängt vom Umfang des Buches ab, auch vom Inhalt des Buches. An einem Buch wie dem »Hirbel« oder »Ben liebt Anna« schreibe

ich ungefähr fünf Monate, meistens entsteht das Buch in drei, vier, fünf oder sechs Anläufen, also nicht auf einmal. Manche Kapitel schreibe ich vier-, fünfmal, bis sie sich richtig anhören. Ich spreche sie mir auch immer vor, vor allem die Dialoge. Ich habe eine feste Arbeitszeit, denn in jedem von uns sitzt ein riesiger Faulpelz, und wenn es keine Kolleginnen oder Kollegen gibt, die einen beobachten, oder keine Stechuhr, die einen zwingt, muß man sich selber zwingen und sich die Arbeitszeit einteilen. Ich arbeite etwa von acht, halb neun bis halb zwei. Da ist es dann auch egal, wieviel ich schreibe, ob das, was ich geschrieben habe, dann auch taugt. Das ganz Wichtige ist, daß ich dranbleibe, vor allem auch bei Romanen für Erwachsene. Ich hab ein ganz dickes Buch geschrieben, »Hölderlin«, das ist etwa 600 Seiten dick, da habe ich fast drei Jahre dran geschrieben. Da ist es dann wichtig, daß man den Ton nicht aus dem Ohr verliert, so wie das Buch klingt.
So gegen zwei essen meine Frau und ich dann zu Mittag. Dann nachmittags – wenn's gut läuft, schreibe ich natürlich weiter, wenn's nicht gut läuft, mache ich Post, ich krieg Stapel von Post. Am Abend – das ist jetzt ein ganz wichtiger Augenblick –, am Abend setze ich mich grundsätzlich hin und überlege die nächsten Sätze für den nächsten Morgen. Da der Morgenkopf nicht gerade der hellste ist, braucht er schon ein bißchen Futter, und für dieses Futter sorge ich abends. So sieht mein Arbeitstag aus, wenn ich nicht verreist bin. Aber wenn ich an einem Buch sitze, lehne ich Termine, Lesetermine zum Beispiel, meistens ab.
Daubert: Wenn Sie auf Reisen sind, schreiben Sie dann auch?
Härtling: Nein, ich kann nicht, ich bin da völlig unfähig. Ich kann Notizen machen, aber ich brauche – Sie fragten auch nach dem Arbeitsplatz –, ich brauche meinen Arbeitsplatz. Seit 22 Jahren ist es ein und derselbe Platz, umgeben von denselben Möbeln, denselben wenigen Handbüchern, die ich brauche zum Nachschlagen, dies alles gehört zu mir, auch die

Bilder an den Wänden, das brauch ich, und wenn ich das nicht habe – auch in den Ferien, wo ich immer weiterschreibe –, kann ich's nur mühsam. Ich brauch den Platz zu Hause.
Daubert: Wie schreiben Sie, mit der Schreibmaschine, mit der Hand?
Härtling: Ja, da fragen mich Kinder meistens danach. Ich schreibe nicht mit PC, werde es wahrscheinlich auch nicht mehr tun, obwohl es mich auch reizt, aber soweit komme ich sicher nicht mehr. Ich schreibe zuerst mit Schreibmaschine, weil ich sehr schnell Schreibmaschine schreiben kann, als Journalist dies einfach auch gelernt habe. Und wenn ich dies mit Schreibmaschine geschrieben habe, schreibe ich nahezu alles mit der Hand ab. Das verlangsamt den Prozeß, und ich merke, wo etwas schiefgegangen ist, welche Sätze nicht sitzen, welche Fehler ich gemacht habe, daß ich bei Dialogen geschludert habe, daß ich Namen vergessen habe und so weiter. Das merke ich beim Abschreiben. Dies wiederum diktiere ich dann auf Band, das ist der erste Augenblick, der mir auch die Möglichkeit gibt, meine Prosa zu hören, was ganz wichtig ist. (Ich mag Musik eigentlich noch lieber als Literatur.) Das höre ich mir dann an. Anschließend wird es vom Band abgeschrieben, und ich korrigiere es noch mal, so daß ich vier Korrekturgänge habe. Aber daß ich mit der Schreibmaschine beginne und dann auf Hand umstelle, das ist skurril.
Daubert: Viele Ihrer Bücher sind zu zweiten Schulbüchern geworden. Freut Sie das, oder haben Sie vielleicht Angst davor, daß durch die »Behandlung« im Unterricht den Schülern der Spaß an ihrer Freizeitlektüre eher genommen wird?
Härtling: Es ist ein Unterschied zwischen Kindern, die im Alter von 8–12 mit Literatur in der Schule umgehen, und Jugendlichen, die zwischen 15 und 19 mit Literatur in der Schule umgehen. Ich glaube, es ist ein ganz wesentlicher Unterschied in der Rezeption, der immer noch nicht genau erkundet ist. Literatur für Kinder in der Schule wird ganz sel-

ten Frust hervorrufen, es sei denn, es wird wirklich unter Zwang gelesen. Im Gegenteil: Es ist Entspannung. Das zeigen die Briefe auch alle, es bedeutet eine Entdeckung, neue Erfahrung. »Die Judenbuche«, die von 16jährigen gelesen wird, ist schlicht und einfach nur noch Druckliteratur. Das eine hat mit dem anderen nichts zu tun. Deswegen hat mich nie verstört, daß der »Hirbel« beinahe überall, in allen Bundesländern, inzwischen fast Pflichtlektüre geworden ist oder neuerdings »Ben liebt Anna«. Das hat mich nicht verstört. Was mich eher nachdenklich macht, ist, daß beispielsweise die »Nachgetragene Liebe« heute in vielen Schulen von 17/18jährigen gelesen wird. Da wünschte ich mir, daß sie nicht in Schulen gelesen wird, sondern von Menschen, die mit dem Buch reden, die es brauchen. Also, da ist ein großer Unterschied. Während ich es wunderbar finde, wenn mir Kinder immer wieder schreiben: »Wir haben dein Buch ›Oma‹ in der Schule gelesen, ich habe außerdem noch gelesen...«, das kommt in jedem dritten Brief. Das bedeutet ja, daß die Schullektüre die Kinder angeregt hat weiterzulesen. Was kann man sich mehr wünschen?!

April 1989

Das Interview erschien im Bunte-Hund Sonderheft »Peter Härtling für Kinder« u. d. T. »Wir Dichter brauchen eure Phantasie!«. Es wurde für diesen Abdruck leicht überarbeitet.

**Über die Schwierigkeiten und das Vergnügen beim
Schreiben für Kinder
Eine Rede von Peter Härtling**

Die Zahl der Kindesmißhandlungen, las ich, als ich meine Rede vorbereitete, nehme rapide zu. Und die Zahl der Kinder nimmt in den meisten mitteleuropäischen Ländern ab. Es scheint, als seien wir nicht mehr imstande, Anfänge zu ertragen und zu fördern, als hätten wir es aufgegeben, der Zukunft zu trauen.
Der jugendliche Mensch, der auf seine Unabhängigkeit bedacht ist und in seinen Bindungen wechselt, ist zum Idol der Verbrauchergesellschaft geworden. Kinder und Alte hingegen verlangen soziale Aufmerksamkeit, Pflege, Verpflichtung – das ist einer modischen Asozialität schon zuviel. Allenfalls nähme man Zeitkinder in Kauf, die man nach Lust und Laune abholen und abliefern könnte.
Zärtlichkeit verschwenden die krisenbewußten Erwachsenen nur noch untereinander.
Das Kind stört in der fatal falsch verstandenen Selbstbefreiung von Frauen und Männern. Die Familie – häufig genug mißbraucht als Zelle restaurativer Ideologie – wird nun in ihrer Funktion, ihrem Sinn angezweifelt. Sie enge ein, mache dumm, zeige sich einer beweglichen Gesellschaft nicht gewachsen. Das sind egoistische Vorwände. Wieso den Konsum teilen? Wieso sich mindestens für ein halbes Leben verpflichten? Wieso sich auf die Folgen einer Gemeinsamkeit einstellen, die auf Widerruf eingegangen wurde? Ich weiß, mein Zorn läßt mich übertreiben. Doch ich denke an Kinder und unter welchen Umständen viele aufwachsen: schon empfangen als Störenfriede und hernach auf Wohlverhalten dressiert. Die Generation der heute Dreißigjährigen, der jungen Väter und Mütter, kennt nur den Frieden, der freilich stets bedroht ist – eine vom Wohlstand gepolsterte Friedlosigkeit. Sie folgte,

ohne Zeit zum Nachdenken, den Parolen eines geradezu rasenden Verbraucher-Egoismus, und die Werbung suggerierte ihr, daß allein Jugend den Aufstieg garantiere. Sie hat allen diesen Versprechungen, die sich in schönen Bildern gleichsam bestätigen, getraut. Als dann fragwürdig wurde, was bis in alle Ewigkeit haltbar schien, brachen manche aus, zum Erstaunen und Entsetzen der Älteren, die sich nun wunderten über die Heftigkeit, die Verzweiflung, die Brutalität dieser Rebellion. Die Eltern dieser Rebellen hatten sich in der Tat nach dem Frieden gesehnt, sie haben ihn sich auch nach ihrer Vorstellung geschaffen, aber sie haben ihn so gut wie nie erklärt, seine Notwendigkeit und seine Anfälligkeit; die Furcht und die Zerstörung, aus der er entstand. Sie holten atemlos nach. Die Früchte ihrer Anstrengung fielen den Kindern erst einmal in den Schoß. Wie konnten sie, so verstrickt in die Mehrung des Wohlstands, sich verständlich machen?
Als die Kinder dann den Besitz als selbstverständlich hinnahmen, als sie, über alles verfügend, von »Gewalt gegen die Sachen« zu reden begannen und auch jene verhöhnten, die den Grund ihrer Wut verstanden, als die Gewalt sich schließlich gegen den Menschen richtete, als die Nachrichten über Kriege und Guerilla wieder die Zeitungen füllten, reagierte diese bewegliche Gesellschaft zwar rhetorisch voller Abscheu, merkantil jedoch höchst durchtrieben – in den Spielwarenläden stapelte sich wieder kleines Kriegsgerät: Panzer und Raketen, Schlachtschiffe zum Selberbauen; und in Büchern und Zeitschriften wird der tapfere Hartmann vom Himmel geholt oder graben sich Landser ein, um auf den ewigen Feind zu warten. Wie, frage ich, sollen die Jungen mit der geschäftstüchtigen Verlogenheit ihrer Väter zurechtkommen?
Die Moden wechseln, die Kinder müssen es büßen. Es ist noch nicht lange her, da hat man unser Jahrhundert in einem zweiten Anlauf zu einem des Kindes machen wollen. Viele Eltern lasen mit Eifer die Schriften der großen Kinderfreunde unserer

Zeit, studierten Anna Freud und Piaget, Bernfeld und Rühle. Antiautoritäre Erziehung war nicht nur ein Schlagwort. Man gab sich Mühe zu Hause, in den Kindergärten, den Schulen. Es war nützlich, auch wenn Dogmatiker manche Anstrengung vorzeitig verdarben. Und jetzt? Jetzt ist in der Phase der Selbstentdeckung von Mann und Frau vom Kind kaum mehr die Rede...
Zugegeben: Ich verallgemeinere. Doch aus diesen Erfahrungen, an denen ich mich reibe, schreibe ich Kinderbücher. Ich tue es, wie gesagt, mit Vergnügen ebenso wie mit List und Zorn. Einige der bereits angedeuteten thematischen Beweggründe will ich genauer erklären:
Es bestand, bis vor wenigen Jahren, in der Kinderliteratur eine Tendenz, Realität auszusparen, zu beschönigen, Härten zu harmonisieren, Unglück zu bagatellisieren oder in einem guten Ende aufgehen zu lassen. Hier wurde eine aus dem 19. Jahrhundert kommende Tradition fortgesetzt: Kinder als kleine Erwachsene, mit einem trivialen Gefühlsleben versehen, fest eingespannt in das Schema von oben und unten, gut und böse, arm und reich.
Ein Spyri-Mädchen wurde, derart vorbereitet, zur Courths-Mahler-Frau. Gefühle verkümmern zu Platitüden. Wer, so lesend, Wirklichkeit lernt, wird nicht nur irregeführt, sondern wehrlos gemacht. Wenn einer mit Hilfe der Literatur fliehen will, sollte er eine Welt finden, die seine Phantasie aufstört und ihn die Realität dennoch nicht vergessen läßt. Die große phantastische Literatur hat immer utopische Züge: Sie setzt die Welt, aus Trauer über ihre Unvollkommenheit, neu zusammen. Was heißt für Kinder Wirklichkeit? Sie werden von ihr ja nicht geschont, auch wenn es die Eltern mitunter meinen. Die enge und weitere Umgebung wird von den Kindern in Bruchstücken wahrgenommen, aufgenommen.
Sie sehen aus einer anderen Perspektive als die Großen. Sie haben kaum die Fähigkeit, sich zu schützen, auszulesen.

Alles trifft sie unmittelbar, unerklärt. Also bedeutet es für den, der Wirklichkeit für Kinder zu beschreiben versucht, diesen Blickwinkel ernst zu nehmen. Er darf sich nicht klein machen, sondern muß die Bruchstücke zu Bildern, zu verständlichen Bildern zusammenfügen. Er muß überdimensional erscheinende Handlungen faßbar machen. Er muß das, was aus falscher Rücksicht ausgespart wird, in die Geschichte hereinholen. Nur so kann dem lesenden Kind beigebracht werden, wie es mit seiner Umgebung umgehen, wie es sich wehren, wie es zustimmen, wie es agieren und reagieren kann. Voraussetzung ist eine stets begreifbare Anschaulichkeit. Der Begriff, den wir von einer Sache haben, muß zur durchaus spannenden Szene werden. Die Sprache darf deshalb nicht abstrahieren; sie sollte sich auch nie kindisch machen.
In nicht wenigen Kinderbüchern werden die Leser durch ein läppisches Diminutivdenken verhöhnt. Eine Art von Zwergenphilosophie rumort da in Autorenköpfen. So werden Kinder beleidigt. Kindliche Leser sollen sich engagieren – freilich nicht für irgendeine Partei, irgendeine Ideologie, sondern sie sollen Recht und Unrecht erkennen, sie sollen beim Lesen lachen und weinen, zornig sein und sanft, dafür reden und dagegen. Das geschieht am ehesten, wenn sie ihre Gefühle einer oder einigen Figuren anvertrauen, wenn sie sich identifizieren. Auf der Fährte solcher anziehenden Gestalten und mit einer Sprache, die das Schwierige nicht vereinfacht, können sie auch an die Ränder unserer Wirklichkeit geführt werden, in die Verlassenheit, die Armut, die wortlose Verzweiflung.
Über die Liebe wird derzeit debattiert wie über Hochleistungssport. Die Kinder sehen auf Illustriertenfotos die üppigen, makellosen Produkte einer den Konsum ebenfalls vorantreibenden Sexualtechnologie. In Zeitschriften werden sie unterrichtet über reibungslose, folgenlose Partnerschaft. Schmerz, Zweifel, Leidenschaft, Melancholie sind ausgeschlossen.

Kürzlich hörte ich einen Zehnjährigen lakonisch über einen Klassenkameraden urteilen: Der ist ja impotent. Das entsetzliche Leistungsdenken schießt in einem naiven Kürzel zusammen: Ist diese von den Dreißig- bis Vierzigjährigen perfekt eingerichtete Hölle – in der es ein Finanzmanagement ebenso gibt wie ein Sexualmanagement, in der Liebe gilt –, ist diese Hölle die Zukunft unserer Kinder? Dagegen ist anzuschreiben. Von Wärme soll erzählt werden, von der Nähe des anderen, auch von Hilflosigkeit, die Hilfe erhofft; von Umarmungen, die Glück ausdrücken oder Unglück lindern. Es sollte versucht werden, mit Sprache einen Raum zu schaffen, in dem ein Kind sich wärmen kann, und Zärtlichkeit mitzuteilen, ohne sich lächerlich zu machen. Daß der Mensch des Menschen Wolf sei, wird den Kindern nicht allein in Wort und Bild eingehämmert; es wird ihnen vorgelebt. Folter und Mord ziehen ihre blutige Spur auf dem Bildschirm. Die Schwellen, die unser Leben schützen, sind niedrig geworden. Freiheiten einschränkende Gesetze helfen da, meine ich, nicht. Wir, die wir schreiben, können in Erzählungen Leben ausbreiten, seine Fülle, seine Hoffnungen, seine Unversehrbarkeit. Wir können die Empfindlichkeit gegen das Grausame wecken, wir können, beinahe schon Prediger einer besseren Wirklichkeit, ohne alles Pathos, Beispiele von Brüderlichkeit, von Nachbarschaft, von Mut für das Leben erzählen. Wir sollten, schreibend, die Furcht vor dem jeweils anderen abbauen und die Macht der Ohnmächtigen Wort für Wort buchstabieren. Wer vom anderen nichts weiß, achtet ihn nicht und schlägt ungehemmter zu. Blinde Wut sieht nichts und niemand.
Noch fehlen zwei Elemente, die Kindheit und Literatur verbinden und verbünden: Unruhe und Neugier. Nein, die Bücher, die ich meine, sollen nicht beschwichtigen, sie sollen beunruhigen und wecken. Neugierig sollen sie machen auf Menschen und Dinge, auf das Unbekannte im Bekannten, sogar auf das Unmögliche. Bücher können zu neuen Gedan-

ken herausfordern. Denk weiter, rede weiter, erzähl weiter. Trau deiner Phantasie, aber lasse sie die Wirklichkeit nicht vergessen: Das sind Leitlinien, auf denen Sätze für Kinder geschrieben werden können. Und dies alles nicht ohne Witz, Vergnügen, Liebe, Anschauung und Erfahrung, Genauigkeit, Leidenschaft, Vernunft. Und das in einer Sprache, die Empfindungen nicht verkleinert. Denn die Freiheit, die so häufig und so verlogen gerühmt wird, beginnt mit dem ersten Blick, der ersten Geste, der ersten Zuwendung, dem ersten Wort, dem ersten Gedanken. Da kann sie schon verloren sein.

Diese Rede wurde am 3. Juni 1977 in Wien gehalten – zum 30jährigen Bestehen der Österr. Jugendschriftenkommission.

Thematisch verwandter Text

Susanne Kilian
Marion guckt aus dem Fenster

Marion sitzt direkt unter dem Fenster an ihrem Tisch und macht Hausaufgaben. Es ist so die Zeit: nach dem Mittagessen, ab zwei bis ungefähr vier, halb fünf, je nachdem.
Manchmal guckt Marion durchs Fenster in den trüben, grauen Oktobernachmittag. Und ab drei Uhr guckt sie immer öfter hoch, rüber zu dem Balkon vom Altersheim. Der liegt genau in ihrem Blickfeld. Die bunten Blumenkästen haben sie längst reingebracht. Der Balkon ist leer und glänzt dunkel vor Feuchtigkeit. Das ist jetzt schon der zweite Tag, wo sie nicht kommt. Sie – das ist die alte Frau aus dem Heim drüben. Marion nennt sie heimlich für sich »die Vogelalte«. Jeden Nachmittag im Herbst und Winter füttert sie die Vögel. Das läuft Tag für Tag gleich ab: Irgendwann zwischen drei und vier, immer zwischen drei und vier, nie früher und nie später, geht drüben die Balkontür auf. Eine dicke, alte Frau, auf zwei Stöcke gestützt – sie hat jedesmal Schwierigkeiten, entweder mit den Stöcken oder mit der Türklinke –, watschelt auf den Balkon. An ihrem unförmigen, dicken Körper hängen, krumm und nach innen gebogen, die Beine, als würden sie sich biegen unter dem Gewicht. Watscheln ist eigentlich ein lustiges Wort, aber Marion fällt kein anderes ein, das so genau den Gang der Frau beschreiben könnte. Aber es sieht nicht lustig aus, wie sie geht. Kein bißchen. Eher sehr beschwerlich.
Zuerst läuft die Frau auf dem Balkon hin und her. Langsam. Ganz langsam. Wie das Pendel einer riesigen Uhr. Hin-tick, nach links; her-tack, nach rechts. Nach einer Weile bleibt sie stehen. Direkt am Geländer. Sie hängt ihre beiden Stöcke daran und stützt sich darauf, hält sich fest und läßt sich vor,

zurück, vor, zurück schaukeln. Dann lehnt sie nur noch vorn mit dem Bauch gegen das Geländer, läßt es los und kramt mit den Händen in ihren Manteltaschen.
Marion hat sie noch nie in einem anderen Mantel gesehen: schwarz, oben ein kleiner Pelzkragen, mit drei riesigen, glänzenden Knöpfen zugeknöpft. Und so altmodisch! Und nie hat Marion sie etwas anderes aus der Tasche rausholen sehn als die rote Plastiktüte. Sachte wird sie aufgewickelt. Ein Stück Brot kommt zum Vorschein. Stückchen für Stückchen wird es mit zittrigen, runzligen Händen zerkrümelt und fliegt in eine aufgeregt flatternde, nickende, pickende Vogelversammlung. Tauben und Spatzen zanken sich um das Brot. Und die Alte hört mittendrin auf und schaut ihnen zu. Dann verteilt sie sehr langsam und bedächtig die letzten Krümel. Das rote Plastiksäckchen wird zurückgesteckt. Jetzt läuft alles wieder genauso ab wie vorher, nur so, als liefe nun der Film rückwärts: Die Alte steckt den Beutel ein. Schaukelt vor, zurück am Geländer. Nimmt die Stöcke wieder. Läuft hin, her, hin. Und geht vom Balkon, wobei sie wieder Schwierigkeiten mit der Tür hat.
Und heute ist sie nicht da! Marion schaut nicht jeden Tag so genau nach ihr. Bloß wenn sie Langeweile hat, guckt sie ihr die ganze Zeit zu. Dann überlegt sie, ob die Frau wohl Kinder hat? Und wie viele? Wo die wohl wohnen? Ob sie überhaupt verheiratet war? Sicher war sie früher mal nicht so dick. Und vielleicht ein sehr schönes junges Mädchen. Bestimmt war sie mal so alt wie Marion, zehn. Und ein winziges Baby war sie auch mal. Jetzt ist sie dick und alt und ganz allein da auf dem Balkon.
Marion kann sich richtig vorstellen, wie sie beim Frühstück ihr Brot in das Plastiksäckchen schiebt. Bestimmt verstohlen und heimlich. Und wahrscheinlich lächelt sie ein bißchen dabei, weil sie daran denkt, wie sich am Nachmittag die Vögel drum streiten werden.

Vielleicht ist sie bloß krank. In einer Woche oder zwei, drei Wochen – bei alten Leuten dauert das ja immer länger, denkt Marion –, da wird sie wieder drüben stehn. Aber vier Wochen vergehen, sechs, acht.
Früher hat Marion nicht jeden Tag auf die Frau gewartet. Sie hat einfach nur gesehen, wie sie drüben stand, so, wie sie einen Bus oder einen Zug sehen würde, der an einem bestimmten Ort zu einer bestimmten Zeit täglich eine Stunde steht.
Jetzt wartet Marion. Die Alte fehlt ihr. Sie hatte sich an ihren Anblick, an ihr Dasein gewöhnt. Und die Alte hatte zu ihrer Umgebung gehört, ohne daß sie es richtig gemerkt hatte.
Nach einem Vierteljahr wartete Marion nicht mehr. Die Frau war nicht krank gewesen. Sie war gestorben. Hinter den Fensterscheiben drüben im Altersheim hatte Marion schon eine Neue gesehen. Zwischen den andern, die sie wie die Vogelalte nur vom Ansehn kannte. Die Neue fiel durch ihr schneeweißes Haar besonders auf.
Marion würde die Vogelalte nie, nie mehr sehen. Da erst fiel ihr ein, daß sie nicht mal wußte, wie die Frau geheißen hat. Keinen Namen wußte sie. Nie hatte sie ein Wort mit ihr gesprochen. Noch nicht mal zugewinkt hatte sie ihr. Dabei war es ihr jetzt, als wäre etwas, was sie sehr liebhatte, fortgegangen.
Sie dachte: Die Frau mit den schneeweißen Haaren wird auch sterben. Sie sind alle bis zum Tod da drüben. Keine geht einfach so weg. Und immer kommen andere nach. Es war das erste Mal, daß sie zum Altersheim rüberguckte und so was dachte.

Aus: Susanne Kilian, »Kinderkram«. Kinder-Gedanken-Buch. Gullivers Bücher 26. Weinheim 1987, S. 78ff.

Biographische Notiz

Peter Härtling, geboren am 13.11.1933 in Chemnitz als Sohn eines Rechtsanwalts; ab 1941 in Olmütz. 1945 Flucht nach Zwettl (Niederösterreich); Tod des Vaters in einem russischen Kriegsgefangenenlager. 1946 Umsiedlung nach Nürtingen; Freitod der Mutter. Nach Abbruch des Gymnasiums kurze Fabriktätigkeit; Besuch der Bernstein-Schule bei HAP Grieshaber. Von 1952–1954 Volontär in der Lokalredaktion der »Nürtinger Zeitung«; 1954–1955 Redakteur bei der »Heidenheimer Zeitung«; 1956–1962 Feuilletonredakteur bei der »Deutschen Zeitung«. 1959 Heirat mit Mechthild Maier, Psychologin. 1962 Redakteur bei der Zeitschrift »Der Monat«, seit Mai 1964 Mitherausgeber. 1965 Lesung auf der Berliner Tagung der Gruppe 47; Mitarbeiter im »Wahlkontor deutscher Schriftsteller« für die SPD. Anfang 1967 Cheflektor des S. Fischer-Verlages in Frankfurt, dort seit 1968 Sprecher der Geschäftsleitung; 1970 legt er die Redaktion des »Monat« nieder, 1973 scheidet er aus der Geschäftsführung des S. Fischer-Verlages aus; seitdem freier Schriftsteller. 1977 Stadtschreiber von Bergen-Enkheim; »Dozentur für Poetik« an der Universität Frankfurt/M. im Wintersemester 1983/84. Mitglied des PEN-Zentrums der Bundesrepublik Deutschland, der Akademie der Künste in Berlin, der Mainzer Akademie der Wissenschaften und der Literatur und der Deutschen Akademie für Sprache und Dichtung in Darmstadt. Peter Härtling lebt in Mörfelden-Walldorf.

Bibliographie

Bücher von Peter Härtling bei Beltz & Gelberg: *Das war der Hirbel,* Erzählung, 1973. Bilder von Christa aus dem Siepen; *Oma,* Erzählung, 1975. Bilder von Ingrid Mizsenko (auch als Neuausgabe mit Bildern von Peter Knorr, 1990 und als Gulliver-Taschenbuch 101); *Theo haut ab,* Roman, 1977. Bilder von Waltraut und Friedel Schmidt (auch als Gulliver-Taschenbuch 14 und als Neuausgabe mit Bildern von Peter Knorr, 1989); *Ben liebt Anna,* Roman, 1979. Bilder von Sophie Brandes (auch als Gulliver-Taschenbuch 1); *Sofie macht Geschichten,* 1989. Bilder von Edith Schindler (auch in Schreibschrift und als Gulliver-Taschenbuch 28 mit Bildern von Jutta Bauer); *Alter John,* Roman, 1981. Bilder von Renate Habinger (auch als Gulliver-Taschenbuch 35); *Jakob hinter der blauen Tür,* Roman, 1983. Bilder von Sabine Friedrichson (auch als Gulliver-Taschenbuch 73); *Und das ist die ganze Familie,* Tagesläufe mit Kindern, 1984 (Neuausgabe). Bilder von Frank Ruprecht; *Krücke,* Roman, 1986. Bilder von Sophie Brandes; *Geschichten für Kinder,* 1988. Bilder von Peter Knorr; *Fränze,* Roman, 1989. Bilder von Peter Knorr; *Mit Clara sind wir sechs,* Roman, 1991. Bilder von Peter Knorr.

Bücher von Peter Härtling im Luchterhand Literaturverlag: *Janek*, Porträt einer Erinnerung, 1966; *Zwettl*, Nachprüfung einer Erinnerung, 1973; *Eine Frau*, Roman, 1974; *Niembsch oder Der Stillstand*, Eine Suite, 1975; *Hölderlin*, Ein Roman, 1976; *Anreden*, Gedichte aus den Jahren 1972–1977, 1977; *Hubert oder Die Rückkehr nach Casablanca*, Roman, 1978; *Ausgewählte Gedichte* 1953–1979, 1979; *Materialienbuch*, hrsg. v. Elisabeth u. Rolf Hackenbracht; *Nachgetragene Liebe*, 1980; *Meine Lektüre*, 1981; *Die dreifache Maria*, Eine Geschichte, 1982; *Vorwarnung*, Gedichte, 1983; *Das Windrad*, Roman, 1983; *Der spanische Soldat oder Finden und Erfinden*, Frankfurter Poetik-Vorlesungen, 1984; *Geschichten für uns*, ausgewählt v. Peter Härtling, 1984; *Felix Guttmann*, Roman, 1985; *Die Mörsinger Pappel*, Gedichte, 1987; *Waiblingers Augen*, Roman, 1987; *Peter Härtling: Auskunft für Leser*, hrsg. v. Martin Lüdke, 1988; *Der Wanderer*, 1988; *Die Gedichte* 1953–1987, 1989; *Peter Härtling im Gespräch*, hrsg. von Klaus Siblewski, 1990; *Herzwand*, Roman, 1990; *Brief an meine Kinder*, erweitert um einen zweiten Brief, 1991.

Weitere Veröffentlichungen von und über Peter Härtling (Auswahl): *poeme & songs*, Eßlingen: Bechtle Verlag 1953; *Yamins Stationen*, Gedichte, Eßlingen: Bechtle Verlag 1955; *Unter den Brunnen*, Gedichte, Eßlingen: Bechtle Verlag 1958; *Spielgeist, Spiegelgeist*, Gedichte, Stuttgart: Goverts Verlag 1962; *Über die Schwierigkeiten und das Vergnügen beim Schreiben für Kinder* (Rede), 1977, in: Nußknacker, Weinheim: Beltz & Gelberg 1986; *Mein Lesebuch*, Frankfurt a. M.: Fischer Verlag 1979; *Helft den Büchern, helft den Kindern!* Über Kinder und Literatur, hrsg. v. Peter Härtling, München: Hanser Verlag 1985; *Brief an meine Kinder*, Stuttgart: Radius Verlag 1986; *Von den Anfängen zwischen Erde und Himmel*, Warum ich für Kinder schreibe, FAZ 17.12.1988; *Annäherungen* (Londoner Lesehefte), London 1989; *Fundevögel*, Geschichten zum Wieder- und Wiederlesen, hrsg. v. Peter Härtling, Stuttgart: Radius Verlag 1991.

Burckhard Dücker, *Peter Härtling* (Autorenbücher), München: C. H. Beck Verlag 1983; *Peter Härtling*, Begleitheft zur Ausstellung der Stadt- und Universitätsbibliothek Frankfurt a. M. 1984; *Friedrich Hölderlin-Preis*, Reden zur Preis-Verleihung am 7. Juni 1987.

Preise: Kritikerpreis (1964); Ehrengabe des Kulturkreises im Bundesverband der Deutschen Industrie (1965); Prix du meilleur Livre Étrager (1966); Gerhart-Hauptmann-Preis der Freien Volksbühne Berlin (1971); Schubart-Preis der Stadt Aalen (1970); Deutscher Jugendbuchpreis für *Oma* (1976); Wilhelmine-Lübke-Preis des Kuratoriums Deutsche Altershilfe (1978); Zürcher Kinderbuchpreis »La vache qui lit« für *Ben liebt Anna* und *Sofie macht Geschichten* (1980); Naturschutzpreis der Kreisgruppe Groß-Gerau des Bundes für Umwelt- und Naturschutz (1982); Hölderlin-Preis der Stadt Bad Homburg

v. d. H. (1987); Andreas-Gryphius-Preis der Künstlergilde Esslingen (1990); Natha Caputo World Childhood Prize des Internationalen Kinderzentrums und des französischen UNICEF-Komitees für *Krücke* (1992).

Liebe Lehrerinnen, liebe Lehrer,
in der Taschenbuchreihe Gullivers Bücher gibt es zahlreiche weitere Titel, die sich besonders gut als Klassenlektüre eignen. Sie können diese Bände zu Prüfzwecken beim Verlag anfordern; wir schicken Ihnen jeweils ein Exemplar zum ermäßigten Prüfstückpreis (Schulstempel auf der Bestellung nicht vergessen!).

Clyde R. Bulla
Weißer Rabe
Erzählung. Aus dem Amerikanischen. Mit Bildern von Sabine Friedrichson.
Gullivers Bücher 64
64 S., DM 7,80 ab 6
Das Leben der frühen Pioniere im amerikanischen Westen ist karg und mühevoll. John Thomas, der in der Einsamkeit des Halbmondtales aufwächst, muß lernen, sich allein zurechtzufinden.

Hans-Joachim Gelberg (Hrsg.)
Überall und neben dir
Gedichte für Kinder in sieben Abteilungen. Mit Bildern von vielen Künstlern.
Gullivers Bücher 50
304 S., DM 14,80
Gedichte von der Natur, von Nähe und Ferne, von Reisen, Rätseln und Geheimnissen.

Karin Gündisch
Im Land der Schokolade und Bananen
Zwei Kinder kommen in ein fremdes Land. Mit Bildern von Peter Knorr.
Gullivers Bücher 77
120 S., DM 6,80 ab 8
In kurzen eindringlichen Geschichten wird erzählt, was eine Aussiedlerfamilie in der ersten Zeit in der BRD erlebt.

Peter Härtling
Alter John
Roman. Mit Bildern von Renate Habinger.
Gullivers Bücher 35
112 S., DM 7,80 ab 10
Alter John handelt vom Leben eines alten Mannes. Seit er bei den Kindern ist, passiert jeden Tag etwas. Er hält alle in Atem. Eines Tages stirbt er ...

Peter Härtling
Ben liebt Anna
Roman. Mit Bildern von Sophie Brandes.
Gullivers Bücher 1
80 S., DM 6,80 ab 10
Zürcher Kinderbuchpreis »La vache qui lit«
Ben liebt Anna, das Aussiedlermädchen. Und auch Anna hat Ben eine Weile sehr lieb.
Zu »Ben liebt Anna« gibt es ein Begleitheft für Lehrer/-innen.

Peter Härtling
Jakob hinter der blauen Tür
Roman. Mit Bildern von Sabine Friedrichson.
Gullivers Bücher 73
104 S., DM 7,80   ab 10
Nach Vaters Tod kommt Jakob mit sich und seiner Umwelt nicht mehr zurecht. Er macht dumme Streiche und verkriecht sich in eine Phantasiewelt. Es ist ein weiter Weg, bis Jakob aus seiner Isolation findet.

Peter Härtling
Sofie macht Geschichten
Vierfarbige Bilder von Jutta Bauer.
Gullivers Bücher 28
64 S., DM 7,80   ab 6
Zürcher Kinderbuchpreis »La vache qui lit«
Sofies Geschichten erzählen vom Alltag: von der Aufregung um Clemens, vom Streit mit ihrem Freund Olli oder wie es gehen kann, wenn man ganz allein Pudding kocht. Geschichten für Leseanfänger!

Peter Härtling
Theo haut ab
Roman. Mit Bildern von Waltraut und Friedel Schmidt.
Gullivers Bücher 14
128 S., DM 7,80   ab 8
Theo hat seine Eltern lieb. Trotzdem ist es manchmal schwierig mit ihnen, wenn sie sich streiten oder der Vater getrunken hat. Dann will er einfach nicht mehr zu Hause sein. Theo haut ab!

Janosch
The Trip to Panama
»Oh, wie schön ist Panama« in englischer Sprache. Vierfarbiges Bilderbuch.
Gullivers Bücher 74
48 S., DM 9,80   ab 5
Deutscher Jugendbuchpreis
Die Geschichte, wie der kleine Tiger und der kleine Bär nach Panama reisen.

Janosch
The Treasure-hunting Trip
»Komm, wir finden einen Schatz« in englischer Sprache. Vierfarbiges Bilderbuch.
Gullivers Bücher 75
48 S., DM 9,80   ab 5
Die Geschichte, wie der kleine Bär und der kleine Tiger das Glück der Erde suchen.

Janosch
A Letter for Tiger
»Post für den Tiger« in englischer Sprache. Vierfarbiges Bilderbuch.
Gullivers Bücher 76
48 S., DM 9,80   ab 5
Die Geschichte, wie der kleine Bär und der kleine Tiger die Briefpost, die Luftpost und das Telefon erfinden.

Susanne Kilian
Kinderkram
Kinder-Gedanken-Buch. Erzählungen & Texte. Bilder von Nikolaus Heidelbach.
Gullivers Bücher 26
128 S., DM 6,80   ab 10

Geschichten über Angsthaben und Sichwohlfühlen, über Träume, über die Welt der Erwachsenen und andere unbegreifliche Geheimnisse.

Klaus Kordon
Brüder wie Freunde
Roman.
Gullivers Bücher 46
152 S., DM 7,80   ab 10
Brüder, die wie Freunde sind, streiten manchmal miteinander, aber vor allem helfen sie sich gegenseitig. Nach dem Tod von Burkie wird jedoch alles anders. Ein Roman aus dem Berlin der Nachkriegsjahre.

Die Fortsetzung von »Brüder wie Freunde« gibt es ebenfalls als Taschenbuchausgabe:

Tage wie Jahre
Gullivers Bücher 52
136 S., DM 7,80   ab 10

Einer wie Frank
Gullivers Bücher 69
168 S., DM 7,80   ab 10

Hans Manz
Adam hinter dem Mond
Zärtliche Geschichten. Mit Bildern von Edith Schindler.
Schweizer Schillerpreis
Gullivers Bücher 98
112 S., DM 8,80   ab 10
»Der Autor erzählt leise, zärtliche Liebesgeschichten, in denen vordergründige Spannung und laute Effekte nichts zu suchen haben.«
DIE ZEIT

Dagmar Matten-Gohdes (Hrsg.)
Goethe ist gut
Ein Goethe-Lesebuch für Kinder. Mit Erklärungen, zeitgenössischen Bildern und Zeichnungen von Marie Marcks.
Gullivers Bücher 44
200 S., DM 9,80   ab 10
Gedichte, Texte aus »Dichtung und Wahrheit«, Briefzitate und vieles mehr. In Zwischentexten ist etwas zu erfahren über Goethes Leben, über seine Reisen, über Familie und Freunde, über seine Werke.

Benno Pludra
Das Herz des Piraten
Roman. Mit Bildern von Jutta Bauer.
Gullivers Bücher 86
176 S., DM 9,80   ab 10
Am Strand eines nördlichen Meeres findet Jessika einen Stein, und sie findet damit das Herz des Piraten. Ihm kann sie anvertrauen, was sie bewegt.

Beltz Verlag, Postfach 100154, 6940 Weinheim